解鎖
財務自由人生

華裔白手起家創業行銷大師DAN LOK駱鋒，
教你主動掌控人生，
引導你創造並享受屬於你的財富與地位。

DAN LOK 駱鋒—著
林祐丞—譯

UNLOCK IT
THE MASTER KEY TO WEALTH, SUCCESS, AND SIGNIFICANCE

各界讚響

「現今這個世道，光用嘴巴教的人多、用實際行動領頭的人少，駱鋒之所以可以有這麼多跟隨者，就是因為他讓他們發現自己的潛力，並用實際例證來引導他們達到一個看得見真正成長及改變的境界。數字不會說謊——超過數百萬人看他的影片、讀他的書、聽他的podcast，不管是穩定的創業家還是剛起步的新創者，你都絕對可以從他分享的經驗中學到東西，更可以從他的銷售策略以及卓越的領導策略中獲得裨益。」

——麥特米德MATT MEAD | Grayson Pierce Capital 董事長 | EpekData 及 BrandLync 執行長 | @mattmead

「駱鋒從溫哥華最有聲望的創業家之一，迅速崛起躋身國際知名教育者，幫助世界各地上千人成功扭轉自己的生命。他在此書中寫到的所有關隘、故事以及所有教誨，都讓我們知道，駱鋒是一個真正有原則的人，而且他正在對這個世界確確實實的做出影響。」

——德韋恩克拉克DWAYNE J. CLARK | Áegis Living 執行長 | @dwaynejclark

「如果你以前就是駱鋒的支持者,那麼這本書會帶給你截然不同的體驗!不管是新興創業者,或是年薪六位數、七位數美金的執行長與企業主,駱鋒都有能力可以給予指導、啟發以及激勵。他的話語中帶著鮮少人有的智慧,這些智慧來自於他的獨特經驗,他人生一路走來的成長,以及他的企業帝國。看這本書的你,可能是個行銷人、是個新創人、是個有錢人,又或者是個閒人,不論是誰,此書都可以給你無價的教誨,讓你有系統、有能力去解鎖你的潛力。如果你今年只打算讀一本書,我會建議你讀這本。」

──魯迪墨爾 RUDY MAWER | ROI Machines 創辦人及執行長 | 百萬年營收企業主、Facebook 廣告專家 | @RudyMawerLife

「當大家都沉浸在爭取成功不用爬到最頂端、人人都應該有參加獎的巨大舒適圈時,駱鋒這本書是這個世界亟需的一記警鐘。書中告訴你的,是符合現代的白手起家故事,直言不諱地告訴你,如何在任何景況中,以驚人的速度創造成功。

請注意,如果你要找的是一本政治正確的書,讓你可以窩在舒適圈不用努力發掘潛質的話,那這本書不會是你的菜;如果你是認真準備好,要為自己創造一個可預期、可實現以及可以真正讓你從中獲利的康莊大道,那麼這本就會是你的完美工具書。」

──強納生克朗斯達 JONATHAN "JCRON" CRONSTEDT | Kajabi.com 總經理

「我喜歡這本書的一點是,它可以對各種不同背景及財富水準的人給出實際有用的建議。細讀之後,你會發現這本書幫助你拋棄你的舊思維、迷思,然後讓你有能力面對財富上的一切挑戰,如果沒有書中的清晰策略及戰術,這些陳舊想法跟挑戰可是能夠輕易地擊垮任何一個人,這本書適合任何一個想要尋找讓自己的財富狀況更上一層樓的實務方法的人。」

——安亞琪ANNE YATCH | Plan Sight 共同創辦人

「駱鋒把他在真實世界中的經驗,濃縮成簡單卻極為有力的課程內容,讓全世界讀者都能因此受益、獲得無與倫比的個人成功。只要你做好虛心受教的準備,這本書會給你扎扎實實的訓練。」

——麥克哈爾MICHAEL A. HALL | Culture Index 資深顧問

「當你已經是個成功的創業者,其實最難的任務往往是在公司運行一帆風順的時候,找出你需要再進行優化的項目。當我讀完這本書,就像是我大腦裡面的一個開關被打開,我開始運用書中的策略,讓我變得更專注在思考公司的成長。如果你也是對現況不滿足、一直想要更多更好的人,這本書非常適合你。」

——托本普列瑟TORBEN PLATZER | TPA Media 創辦人、執行長 | @torbenplatzer

「駱鋒是個了不起的創業家，他不僅僅是自己達成極佳成就，同時也真心希望其他人能起而行、成就自己的人生。

他用他自己的人生經驗來教導你，他把他人生一路上的所學及道理，提煉出一套精簡的策略，幫助你克服奮鬥過程的一切難關。」

——布萊恩斯庫達默 BRIAN SCUDAMORE | Founder & CEO, O2E Brands 創辦人、執行長（旗下公司包含 1-800-GOT-JUNK？, WOW 1 DAY PAINTING, You Move Me, Shack Shine）| @BrianScudamore

「我是一個作家、創業家，同時也是有數十年經驗的亞馬遜公司顧問，但是駱鋒的故事跟精神還是一直給我啟發，讓我持續成長、持續進一步發展我個人的高收入技能。我一直都以幫助別人擴展電子商務為我自己的志業，而這本書給我的技巧，讓我獲得更多客戶，解鎖我前往成功路上的各個關卡。」

——明美‧蘇‧費雪 AKEMI SUE FISHER | Love and Launch 創辦人、執行長 | @akemisue

目錄

各界讚譽⋯⋯⋯⋯⋯⋯⋯⋯⋯⋯⋯⋯⋯⋯⋯⋯⋯⋯⋯⋯⋯⋯ 3

前言⋯⋯⋯⋯⋯⋯⋯⋯⋯⋯⋯⋯⋯⋯⋯⋯⋯⋯⋯⋯⋯⋯⋯⋯ 9

第零章⋯⋯⋯⋯⋯⋯⋯⋯⋯⋯⋯⋯⋯⋯⋯⋯⋯⋯⋯⋯⋯⋯ 17
我是如何成功解鎖,達成我的成功、財富及人生的重大意義

第一章⋯⋯⋯⋯⋯⋯⋯⋯⋯⋯⋯⋯⋯⋯⋯⋯⋯⋯⋯⋯⋯⋯ 43
解鎖你的財富

第二章⋯⋯⋯⋯⋯⋯⋯⋯⋯⋯⋯⋯⋯⋯⋯⋯⋯⋯⋯⋯⋯⋯ 59
解鎖你的財富原型

第三章⋯⋯⋯⋯⋯⋯⋯⋯⋯⋯⋯⋯⋯⋯⋯⋯⋯⋯⋯⋯⋯⋯ 95
解鎖你的高收入技能

第四章⋯⋯⋯⋯⋯⋯⋯⋯⋯⋯⋯⋯⋯⋯⋯⋯⋯⋯⋯⋯⋯⋯ 117
解鎖你的運氣

第五章⋯⋯⋯⋯⋯⋯⋯⋯⋯⋯⋯⋯⋯⋯⋯⋯⋯⋯⋯⋯⋯⋯ 119
解鎖你的個人力量

第六章⋯⋯⋯⋯⋯⋯⋯⋯⋯⋯⋯⋯⋯⋯⋯⋯⋯⋯⋯⋯⋯⋯ 153
解鎖你的生產力

第七章 ··· 181
解鎖你的銷售實績

第八章 ··· 205
解鎖你的企業成長

第九章 ··· 221
解鎖你的利潤率

第十章 ··· 237
解鎖你的社會資本

結論 ··· 253

前言

　　不知道你為什麼要讀這本書

　　也許你是剛好在機場等著要登機,路過書店時剛好這封面有點吸引你,拿起來順手翻了幾頁,思考著到底要不要買;或者可能是你的朋友送你這本書;又或者你是我社群媒體的粉絲,你很清楚知道我是誰。

　　好,我說了一堆,其實我還是不知道你為什麼要讀這本書,但我知道一件事,如果你想要讀這本書,那你就是一個不滿足的人,你想要更多。

　　其實並不是很多人都想過自我成長這回事,有些人可能終其一生都沒有,更多時候他們會覺得自己沒有任何改變的力量,於是就在原地踏步,然後告訴自己這就是人生、就接受它吧。

　　但是**你**不一樣

　　你的想法跟他們不同,你自覺有改變的慾望、有成功的本

事,相信你可以成為一個更好的自己。

你感覺你有力量可以解鎖破關,控制你的命運。

或許這本書不是你的第一本自我發展秘笈,你可能已經讀過一堆關於成功、自我提升、財富以及商業相關的各種書籍,這些書教了你很多東西、你也從中吸收了很多,不過在這裡讓我先問你一個問題。

你的內心深處,有沒有覺得還是少了一點什麼?就像是你在玩拼圖,你手上有一些拼圖片,但怎麼樣都沒辦法看清整幅拼圖的模樣?

我想你在找的是關鍵的那塊拼圖,是能把所有資訊串連起來的那一小塊資訊,是幫你解鎖所有事物的那把鑰匙。

> 我想你在找的是關鍵的那塊拼圖,是能把所有資訊串連起來的那一小塊資訊,是幫你解鎖所有事物的那把鑰匙。

如果我有說中你心中的答案,那我的最終目標就是把這把鑰匙交到你的手上。

我希望這本書能給你的,不只是一種新的觀念,更是一套思維方式,讓你可以更清晰簡潔地應用你過去所學的一切。

但如果你已經看過其他書籍,其實有很大的可能性是,我教給你的並不是你前所未見、前所未聞的東西。

我從來不會自稱是一個超級原創者,我倒是認為原創性這件

事一直以來被過度強調了,因為如果仔細觀察一下,你總是可以找到那些原創性滿分的先鋒者們背上無數中箭攻訐的痕跡。

所以,我不是一個原創者,我是一個創業家,我就像是個合成器。所以我會吸收一些想法,然後想辦法優化它們、讓這些想法變得更好,接著用更好的方式來執行它們。

> 吸收有用的東西,丟棄無用的,再加入你獨有的創見。
> ——李小龍

大部分的書會跟你說,不要這樣做、不要那樣做,應該要這樣做、應該要那樣做。但這本書不一樣,我是要分享給你一個新的觀念,跟一套讓你可以有不同思考邏輯的系統。

改變你的思考方式,是我作為教育者真正的挑戰,當你的思考方式得以改變,你的做事方式就會跟著改變,然後最讓我覺得興奮的地方來了,當你的做事方式改變,就必定會迎來不一樣的成果。

我所分享的資訊中,可能會有你不同意的部分。這是完全沒有關係的,因為我交給你的東西都是來自於我的經驗,不能說它永遠是對的,也不能說它一定有錯,它就是,我的經驗。

我的經驗成就我的一切。

我希望你可以用一種輕鬆、配咖啡的方式來看這本書,吸收

任何你覺得有用的部分,而且實際運用它。如果運用之後發現它真的有用,那就繼續持續下去。如果你發現它沒有用,那也無所謂,就把它乾脆捨棄,不用太在意,這就是我認為我們都應該有的學習心態。

沉寂了十年之後,我為什麼要寫這本書?

二十幾歲時,我出了十幾本書,其中一本還全球暢銷賣了超過10萬本,我想說這就是我最後一本書了,然後我也確實經過十年都沒有動過再寫一本書的念頭。

所以我為什麼要再寫這本書?為什麼是現在?

是因為很多人的引頸期盼。

這十年來我一直想做、一直都在做的,是透過幫助人們發展高收入技能,來創造一波全球經濟浪潮。而當我在全世界奔走,見到我的學生跟粉絲,我也聽到他們的故事。

同樣的故事我聽過無數個不同版本,一樣都說著一個大學生畢業即失業,雖然他們大學努力了四年,面試官還是會認為他們經驗不足。

於是他們回到學校繼續努力甚至更努力,可能再念一個MBA學位或者碩士學位,卻同時也把自己搞得開始負債。等拿

到學位再去面試,他們已經老了、已經有了太多的經驗。更多的狀況是,他們花了時間心血準備的這個目標職缺,在他們畢業的同時也面臨滅絕的狀況。

所以他們到底應該怎麼辦?即使他們該做的事都做了,還是覺得難以一展身手。其實不只是學生,很多創業家也告訴我他們有一樣的難處。

這些企業主遭遇到的是產品行銷撞牆,貨賣不出去,營運成本節節上升,總成本也越來越高,同質性的公司又越來越多。科技的提升造就進入門檻的降低,結果就是產業環境越來越競爭。

整體來說就是,生意越來越難做。就算是那些已經創業有成的企業主,還是會來跟我請益,到底要怎麼樣才能持續維持競爭力、待在眾多競爭者行列之中。

他們不確定他們到目前為止所創造的「成功」會不會繼續下去、要怎麼做才能永續經營,或是要怎麼做才能把公司帶往下一個階段的成長。因為他們面臨的是快速發展的科技浪潮,長江後浪隨時會把他們這些前浪吞噬殆盡。

他們知道社群媒體力量無窮,也知道新興的企業經營方式正在崛起,但他們並不是很確定要怎麼樣去適應這些改變。當他們已經嘗到了財務成功的甜頭,馬上就知道,真正的遊戲主題不是爬到財富金字塔的上端,而是如何一直讓自己站在那個頂端。

這本書可以給你什麼？

在我過去二十年的人生及商場生涯中，我學習體悟到很多重要的東西跟守則，讓我從負債15萬元的亞洲窮移民，轉變成一位國際企業領導者。我發現如果我認真遵循這些我學到的東西，我就一路順暢；如果我選擇不同的路，我就會失敗不斷，所以我可以說，不管你是想要在你的職涯中獲得更卓越的成就，還是想走出你自己的路線，又或者是想要創立一間可以永續經營的公司，你都可以在這裡找到可以加以運用的內容。

首先，你會慢慢的越來越了解我這個人，你會知道我以前的資源有多麼匱乏，但我還是從無到有創造出我現在擁有的一切。

其中一個幫助我建構財富成功哲學的觀念，叫做財富三角（the Wealth Triangle）。在第一章，我會跟你說明財富三角的內容，以及為什麼想要達到財務富足及成功，第一步絕對不要是自己開公司做生意（這點恰恰與一般人的認知相反）。要達成財富三角，有三個步驟──但大多數人的順序都錯了，我會告訴你正確的作法，一步一步達成財富三角中每個環節的里程碑。

同時，我也會說明普遍常見的六種財富原型，這些典型跟特色，能幫助你了解你跟你口袋裡的錢的關係，以及讓你知道你目前的財富旅途走到哪個階段。當你把這些東西搞清楚，就能開始

走出財富三角的第一步。

這個第一步就是先取得高收入技能，讓你可以開始支應你的支出，這個技能拿到了，就能讓你從此與財源短缺絕緣。事實上，大部分當到執行長的人跟多數成功創業家，一開始都不是自己直接開間公司蠻幹，他們都是從高收入技能開始。在第三章，你會更深入了解高收入技能的能耐，同時你也會了解到，我們一般認知中的債務問題，其實本質上來說是技能問題。

但在諸多高收入技能中，仍有一個一般人都沒有的後設技能（meta skill），也就是達成最高生產力的藝術。在第六章，你也會讀到關於在最短時間達成最大產能的內容，但是內容絕對不只是時間管理這種東西——差遠了。讀完後你會發現，生產力是一種自我掌控的問題。你會了解到，只要在你的日常例行公事中，做幾個簡單基本的調整，就可以讓你的產出成果大幅進步。

當你學到個人生產力最大化之後，接下來的課題就是達成財務生產力最大化。不管你是想要在公司中力爭上游、自己做自己的老闆，或者是讓你的員工也能具備強大的能力跟工具，第七章會教你一套全新的銷售技巧，你會學到高單價銷售（High-Ticket Closing™），你能學會如何更有效率地敲定交易跟協商，完全不需要油腔滑調或是老派的高壓銷售技術。

接下來第八章，我們即將進入財富三角理論的第二階段——可擴展事業。在這裡你會學到企業成長最重要的三本柱，以及如

何讓你的收入呈現指數成長。這三本柱中，一般的企業可能可以做到其一或者其二，但是如果沒有做到三者串連運作，很多機會將白白浪費掉。

我們知道利潤率是極為重要的財務指標之一，隱藏的意涵代表著一個企業可以持續經營多久。在第七章，你會學到如何用高價銷售來拉高你的利潤率，同時也會了解這樣的策略如何讓你在廣告行銷、測試研發以及擴展規模時帶給你競爭優勢。

最後，我會帶你深入探索一個我認為對於任何產業來說都是一直被忽略的珍貴資產之一，我稱之為社會資本（Social Capital）。到了我這個年紀，我深深認為社會資本遠比財務資本重要多了，這也是二十出頭的凱莉珍娜可以成為史上最年輕的億萬富翁的原因。如果你有一間想要長久經營的公司，或是一個品牌，這個章節會給你很多幫助，教你如何擴展你的社會資本。

如果你準備好了，那就繼續往下看吧。

第零章

我是如何成功解鎖,達成我的成功、財富及人生的重大意義

亞洲移民來的窮小子

整個故事從一個男人的外遇開始。

我在香港出生,我愛我的父母,只可惜我的父母並沒有那麼相愛。我還在母親肚子裡的時候,父親有了外遇對象。母親十分受傷也相當生氣,但她不願意讓她的孩子在一個破碎的家庭中成長,所以她隱忍下來。等到我十四歲的時候,母親覺得無法再繼續忍受下去,決定帶著我移民到一個既新奇又完全陌生的國家——加拿大。當時我跟母親在加拿大,沒有任何熟識的朋友跟人脈、口袋也沒錢、一句英文都不會講。

我母親,原本是個普通的家庭主婦,一夕之間要成為我們家

的經濟支柱,而我則是突然要適應一個完全不同的環境。剛到加拿大的頭幾天,對我們兩個而言都是充滿著恐懼跟不安。我們住在素里(Surrey)——可以說是大溫哥華區最危險的地方之一,我花了整整三天才鼓起勇氣,踏出那間只有一間臥室的小公寓,去外面走走。

學校裡,我是全校三個華裔學生之一,如果你覺得加拿大沒有種族歧視,那我用我的經驗告訴你,這個想法是錯的。在學校我基本上就是個隱形人,剛開始我一句英文都不會說,也交不到朋友,上課就坐在最後一排,從來沒有舉手發問,也不曾舉手回答問題。一下課我就馬上衝去置物櫃拿我的包包,一路上都不敢看人,也不敢跟任何人有眼神接觸。我甚至害羞到連在學校裡面走動都只靠著牆邊移動。簡單說,我就是那種你跟他當了好幾個學期的同學,可是你還是不知道他名字的邊緣人。如果看到我的畢業紀念冊照片,你會發現那些主流的、比較受歡迎的同學聚在一起,而我就是獨自一人在角落。

也因為這樣,我被學校的三個惡霸盯上。

午餐時間,他們會把我從學校的前門拖到草坪上,然後狠揍我一頓。或許他們覺得我看起來是個好欺負的人吧,當時的我體重只有四十七公斤,瘦得跟竹竿一樣。他們三個會把我摔在地上、把我圍起來壓在地上又踢又打。這種事發生過相當多次,到現在都還可以在我的臉頰上看到當時留下的疤痕。

有一年，我母親買了一台中英電子辭典給我當作生日禮物，那台電子辭典要價300元加幣，遠超過我們負擔得起的價格，但我母親還是省吃儉用買給我，只因為她希望可以給我最好的。我非常珍惜這個禮物，每天都帶去上課，把所有不懂的單字都查個清楚，讓我可以跟上學校的進度。我每一天都很努力用功，終於開始有點進步。我當時心想，繼續下去的話，總有一天我會開始可以在課堂上勇敢舉手，或者交些朋友吧？

　　結果有一天，這三個惡霸看到我在用電子辭典，他們走過來說：「喂！中午吃飯時間算什麼數學啊？還按計算機咧，你這個書呆子怪咖！拿來！」一開始搞不清楚狀況，我還試著跟他們解釋：「不是，這不是計算機，這是電子辭典，我媽買給我的，拜託還給我。」但想當然，他們沒理會我，當我伸手過去要拿回來的時候，他們把我的電子辭典像傳球一樣在我頭上丟過來拋過去，然後……

　　匡啷！

　　他們把我的電子辭典往窗外丟出去，當時我們在二樓，我清楚聽到我的電子辭典在樓下摔碎的聲音，那個聲音在告訴我，母親努力賺來的300元就這樣打水漂了，我當下非常生氣。

　　當時我只想著我不想被母親知道這件事，我不想讓她覺得她的努力化為烏有，我不希望她的心又再次受傷，所以我帶著殘骸回家，假裝電子辭典還可以用，然後在學校圖書館借了一本紙本

的字典,我查找了每一個我應該要會的單字,然後大聲誦念五十次,確保我可以正確發音。

你有沒有過整個世界好像都在針對你,好像都不站在你這邊的感受?我當時的感覺就是這樣,這還只是發生在我身上眾多事件的其中幾項而已。

我的人生從那個下午開始天翻地覆。

某天下午,我把書包隨手丟在我客廳的睡袋上,對,我睡在客廳。我注意到母親的房門是關著的,而且她不知道在跟誰講電話。我永遠都忘不了電話講完她走出房間時臉上的表情,臉上還有淚痕,看起來像是哭了一整天了,一臉絕望的樣子。

「媽,怎麼了?」

「你爸剛剛打電話來,說再也沒辦法寄錢給我們了。」

「什麼?什麼意思?」

「他的公司⋯⋯破產了」

我認為每個人在人生中的某個時刻,都會經歷一次劇變,會自此從內而外徹底改變他們的人生,然後就沒辦法再回到以前那個樣子了,我一般把這些時刻稱作「關鍵時刻」。很多人都認為

關鍵時刻通常都會讓你痛不欲生,你會受到體無完膚的狠狠打擊,你的決心會受到極大的考驗,如果你撐過去了,那你會成為一個更好的自己——一個更新之後更好的樣子。

勵志或者是開心的時刻,對於形塑一個人有著最大的影響力。但這是錯誤的想法,快樂不會讓你改變,痛苦才會。

關鍵時刻通常都會讓你痛不欲生,你會受到體無完膚的狠狠打擊,你的決心會受到極大的考驗,如果你撐過去了,那你會成為一個更好的自己——一個更新之後更好的樣子。但當你遇到這種關鍵時刻,不一定會感受到你的改變正在發生,你可能只會感受到像是狠狠重摔在水泥地上的那種痛苦、像是肺部裡的空氣全部被擠出來那樣的窒息,你會覺得你的世界正在崩壞,我懂這種感受,因為這就是我母親從房間講完電話出來的時候,我的感受,這就是當我知道我駱鋒這個人必須要一夕長大成為一個有肩膀的男人時,我的感受。

我做的所有事情,都不是單純為了錢,我只是不想再看到我母親掉眼淚。當時我告訴自己,我發誓不管要花多少心力跟汗水,我都不要再讓母親露出那樣的表情。這就是我創業之路的開端。

第一個100元,感覺是最美好的。

一開始我以為我出去找份工作,就是我所有金錢問題的解藥,每個人不都說「你想賺錢,就去找份工作吧!」所以我聽進

去了，我找了一個在中國超市結帳櫃台幫客人商品裝袋的工作。

我拿的是最低薪資，站十小時的班，一次又一次重複做著讓人腦袋麻痺的機械化動作，我對這類型的工作非常沒有耐受度，於是過了幾個月我就受不了辭職了。

「一定還有更好的方式可以賺錢，但是到底該怎麼做？」，我每天都在想這件事，這時候我剛好遇到一件事，觸發了我的第一個創業點子。

某一天我在社區內慢跑，看到一個老先生，目測大概七十幾歲吧，很緩慢地在他的草坪上除草。他看起來顯然不是弄得很順利，所以我就問他是不是需要幫忙。老先生說好，於是我走上他的草坪開始幫他除草。當我做完準備要離開的時候，他叫住我並且給了我20元。

這時候我靈光一現，真的就是腦門上有個燈泡亮起來那樣，我想到一個好點子，我可以幫其他人做同樣的事情，然後就持續有錢可以入袋了！這就是我開啟的第一個事業──代客除草。但我只是個小孩，根本買不起一台新的除草機，還好我夠機靈，馬上跟那位老先生提出一個協議。

「這台機器對老先生您來說好像有點太重了，我有個提議，不如我每周免費幫你除草，其他時候你這台機器借我用來做我的代客除草事業，如何？」

他想了一下說，「噢好啊，反正我也不常用它。」

嗚呼！我的第一筆交易剛剛成交。

具備能夠銷售的服務是第一步，要把這個服務賣出去就是下一步，於是我在社區裡挨家挨戶的敲門，詢問是不是需要幫忙除草——然後從頭被拒絕到尾。我心情真的超差，而且我還是必須幫老先生除草，還不收錢。就在這時，我的第二個「超強」點子出現，我的阿姨經營影印店，印了傳單，但需要人去發送傳單。

「阿姨，不然這樣，我免費幫你發傳單——妳讓我在傳單背後幫我的代客除草打廣告。」

她想了一下說，「可以喔，反正我也需要有人幫我發傳單。」

嗚呼！又敲定另外一筆交易。

當我阿姨同意我打廣告的點子的時候，我真心以為我那個禮拜就要發大財了，我一直在想拿到這些錢我要做什麼事，一直在計畫，我甚至還擔心該怎麼在課業跟成功事業取得平衡。於是懷抱著這個新創的靈感跟致富的決心，我努力工作，發出五千份傳單，接著就回家，坐等要除草的客人們打電話訂購我的服務。

一個小時過去了，沒動靜，一天過去了，三天過去了，還是沒動靜。我該不會把電話寫錯了吧？沒錯啊！我確認過了，電話是正確的啊。那為什麼都沒人打電話來？大家家裡都有草地要除草啊，這不是加拿大日常嗎？為什麼沒人打電話來請我去除草呢？

我的行銷活動結束時,業績掛了一個大大的鴨蛋。

於是我回想我的第一個「成功客戶」,那位老先生,我現在做的事跟當時有哪裡不一樣嗎?我才想到一件事——這就是我學到的第一堂商業課,到現在都還無比受用。**我是先幫老先生除草,之後才完成交易、拿到錢。**

突然頓悟的我,跑到社區裡比較高級的區域,找到一間草皮明顯很久沒有修整的房子,我覺得機會來了。我帶著除草機,把那塊草皮弄得乾乾淨淨,然後坐在那棟房子的前廊等屋主回家。

屋主回到家時,第一時間根本沒認出這是她家,還不小心開過頭然後倒車回來,因為草皮跟除草之前相比,實在太過整潔了。

「怎麼回事?」她問。

「呃,小姐……我只是個想賺點錢的孩子,我看到你家草皮的草長得很長、沒有整理,我就想說我可以幫點忙。」

出乎我意料的是,她對我的舉動倒是相當感謝。

「噢,太謝謝你了,我老公工作太忙,所以他根本沒時間幫我整理草皮,這樣吧!我給你 100 元,補償你的辛苦幫忙。」

嗚呼!人生第一個價值 100 元的交易成就達成。而我親手賺進的這第一個 100 元,感覺是最美好的。

不過我要提醒一下:我當時的行為完全是**違法**的!你不能就這樣隨便跑到別人家除草,我**完全**不建議你們跟我當年一樣,我當時是個瘋狂想賺錢的蠢小鬼。

請你們一定要另外找個正確的起點,好嗎?

如何在三年內達到15萬元的負債——保證成功。

我在十七歲的時候開創了我的代客除草事業,然後我馬上了解這個事業長遠來說是不可能讓我致富的,於是我開始跳到另一個創業點子。

也許你也會有一樣的感覺,就是每次當我在「評估」這些新創事業想法的時候,我都覺得,我的每一個新想法都一定會成為下一個大物。接下來三年,我什麼都試過了,從販賣機,到修電腦,再跳到送貨服務,又換到網路行銷——只要有任何一點點可以賺錢的機會,不管多渺小我都會一頭栽進去,事實證明這樣非常、非常的,愚蠢。一路上我就這樣失敗了十三次、十三種不同的創業點子,直到第十四次我才真正成功,而成功之前的最後一次失敗,摔得最重最痛。

在我前十二次的失敗之後,我身上已經累積了12萬元的債務,為了要能周轉,我把我的信用卡用到極限,所有能借錢的舅舅阿姨們都被我借光了,甚至還跟我母親借了一些錢。但我還是繼續勇往直前,我一直覺得我可以成功。當時我還是在弄我的網路行銷公司,而且基本上已經沒辦法再繼續跟我任何朋友或親戚

往來了，因為我開口閉口都是我的公司，還有我的公司有多棒多好，不停想把他們也拉進我的網路行銷公司，導致他們開始躲我。不知道你有沒有那種朋友，會約你出去喝咖啡，然後開始跟你推銷一個聽起來很不怎麼樣的「商機」？我就是那種朋友。

自己身邊已經沒有可以當目標的人了，我只好往外跑。於是我又有了一個「很高明的點子」，我跑去商業大樓裡面到處想辦法擺我的名片，盼望著會不會有人連絡我、約我出來喝杯咖啡聊一下。

雖然這樣說不太對，但我確實有點意外還真的有人連絡我，我們約出來喝咖啡，當然我就開始對他做我的簡報，大大的闡述我的公司有多棒、簡單賺錢的機會就擺在眼前。

「首先你先找到三個人來加入團隊，然後他們各自再找三個人來加入他們各自的團隊，過不了多久，你大概就可以準備退休了。」

「丹（駱鋒的英文名字），這裡我要先打斷你一下。」

「啊？我才正要講到精彩的部分。」

「不，你的簡報很棒，但我有更棒的東西要告訴你，你看起來就是個聰明人，我正好在找像你這樣的人來建構我的團隊。」

接著他開始解釋他要如何建立網站，然後賣給別人以賺取高額利潤。如果我可以在他新創時期資助他，之後我就可以作為他的合夥人跟他平分利潤。

還記得我剛剛講說,不管賺錢的機會有多渺小,我都會一頭栽進去嗎?嗯,只能說我是個不會說謊的男人。

我開始以合夥人的身分投入這個人的事業,起初是1000元,接著是2000元,再來是5000元。每次我們在他的辦公室開會,他的說法都是公司即將有所突破,我們只是在最後發展,還需要一點時間跟資金。我當時就是個天真的傻孩子,就這樣相信他,不停地把錢投進去:10000、15000、20000,到最後是25000,完全就是頭洗下去了,整個人都被套牢在這個事業裡,我非常堅決地認為這次一定非成功不可。

故事講到這,你可能會想問:「你哪來的錢?」好問題,錢來自於當時唯一還相信我的人──我母親。

我剛說過,我已經把信用卡用到不能再用,也磨光了所有親戚朋友的耐心,沒有人願意再借我錢。所以當我的「事業夥伴」出現的時候,我只能去找母親幫忙。

我還記得這個「事業夥伴」跑來跟我要求最後一筆投資那天,金額是5000元。他說這是最後一次,而且我們就算是大功告成,接下來就是等著收錢了。當然,我還是信了他。

我人生中最丟臉的時刻。

我載母親到銀行去提領我需要的最後那一筆5000元,她的帳戶已經逼近提款限額,我們正在排隊的時候,她抓著我的手哭

著說：「不要再投錢進去了，真的不要再投下去了。」

我就像是個瘋狂的賭徒，我說：「媽，相信我，我知道我這次一定會成功的啦。」但她還是抓著我的手一直哭。

領完錢，我去找那個人，問他這是不是最後需要的5000元。他說是，並說一切事項都即將完成。於是我抱著滿滿的希望回家，想著我的人生逆轉勝就要來了。一天過去了，沒有消息。兩天過去、三天過去，都還是沒消沒息。我打他手機——沒有接也沒回應。我打去他的辦公室——空號。搞什麼鬼？

我衝去他的辦公室，人去樓空。我瘋狂地打給任何一個跟他有關係的人——秘書、隔壁的辦公室。我甚至連警衛都問了，沒有任何一個人知道這個人的消息，他們跟我一樣完全摸不著頭緒，這個人就這樣人間蒸發。我才恍然大悟，我被騙了。當下我的情緒就是生氣、憤恨以及羞愧，我對自己非常生氣。

「我怎麼可以讓這種事發生？我怎麼會這麼蠢？我怎麼可以蠢到把我母親的錢搞到一毛不剩？我怎麼會一直犯這種低級錯誤呢？」

我一邊走路回家一邊想著，我該怎麼跟我母親開口說這件事，看到一座橋，我向下看了一下，是個跳下去會死人的高度。

「或許我應該就這樣收手，如果我不要繼續把我媽的錢賠光，她應該會過得更好吧。」

我在原地站了好一陣子。

「我這個人不存在的話，或許她會過得更好吧。」

還好，我到現在都還活著。我內心深處還有一小部分的意識知道，我不能就這樣丟下母親、讓她獨自一人活在這世上。我知道自己必須真正的長大、好好照顧她。

爛透了，再做一次。

稍微振作了之後，我開始參加各種講座跟研討會，想辦法精進自己的技巧，就是在其中一場研討會，我遇見我第一個人生導師，亞倫‧雅克（Alan Jacques）。

你可能不知道亞倫是誰，他是加拿大房地產分析公司，房產投資網路（Real Estate Investor Network，REIN）的創辦人，是當時同類型公司中規模最大的。亞倫也是早在《窮爸爸，富爸爸》的作者羅伯特‧清崎（Robert Kiyosaki）成名之前，就把他引進加拿大的第一人。我在雅克旗下幫他工作近一年，薪水少到等於沒有。剛開始幾個月，我每天都在處理行銷信件的信封封口，我用舔的把封口黏起來，一天少說也有上百封。接著我開始幫他編輯部分的行銷信，再過一陣子，他開始讓我撰寫行銷信，也是我人生中第一封自己寫的行銷信（基本上就是向收件人介紹我們的產品跟服務）。我日也想夜也想，就是希望可以好好雕砌

一封完美的行銷信、確保每一個用字遣詞都正確無誤。但每次我呈交給亞倫，他都跟我說：「爛透了，重寫一次。」

於是我重寫一次給他批改，結果他還是告訴我：「還是爛，再重寫」。好，那我就**再寫**一次，我絞盡腦汁寫出一個我認為是我此生中寫過最好的字句，這次他看得比較久一點了，但他仍然告訴我：「還是不夠好，再一次。」。我們就這樣來來回回六、七次，亞倫才終於點頭認可我擬的行銷信。

有趣的是，一年之後亞倫告訴我：「丹，其實當初你寫的第一封行銷信就已經相當不錯了，但我覺得我要挑戰你的能力極限。第二次你再來，你以為你寫出來的已經是你的最佳作品，但事實上你認定的最佳，跟你實際上能達到的最佳狀況，往往有一段不小的差距。所以當你要磨練一項技巧，要能夠認知到自己還沒有出盡全力這件事，並做出相對應的改變，才能夠有所進步。

只有一人的超狂公司

我在亞倫那邊學到了文案行銷技巧之後，就開始自己接案。剛開始我的收費標準大概是500元到1000元不等，因為我就是一人公司，一天的工時就這麼長，我能夠服務的客戶數量相當有限。我當然也知道，如果要負擔我跟我母親的家用跟生活費，一定要提高收費，但我才剛開始獨立接案沒幾個月，我自覺沒辦法開價超過1000元。這時候，亞倫再度挑戰了我的思維模式。

「丹，你應該要提高收費，1000元實在是太少了。」

「好像確實應該提高一點。你覺得應該加多少，加個10%、提高到1100元？還算合理吧。」

「不，直接加倍。」

「什麼意思？我不可能加倍收費，我才剛做幾個月而已，還是個英文都講不太好、口音很重的二十一歲小毛頭，絕對不可能啦！」

「丹，直接加倍。」

我一邊哀號，但也只能同意，「噢，好啦。」

亞倫叫我對著鏡子練習講出自己的價碼，於是我走到鏡子前面。

「請問你收費多少？」我問著鏡子裡的自己。

「2、2、2000元。」我結結巴巴的說。

「請問你收費多少？」

「2、2000元。」

「請問你收費多少？」

「2000元。」

我不斷練習，練了許久我才有辦法很正常自然、不結巴地說出口。你猜怎麼樣？當我提高價錢之後，遇到的第一個客戶詢價，在我報價之後，居然完全沒有多做議價就同意了。又過了幾個月，我已經獲得好幾個收費2000元的客戶，我感覺一切順

利。接著亞倫再度出現。

「丹，是時候了，價格再提高一倍。」

「什麼？要再加倍？不行啦，我現在的客戶都會跑掉的！」

「把價錢提高一倍。」

「他們不可能付我這個價啦，要是客人都跑光了，我沒收入該怎麼辦？」

「丹，把價錢提高一倍。」

「好啦。」

於是我再做了一次對著鏡子練習講出報價的過程，也遵照亞倫給我的指示。讓我意外的是，又成功了，沒有任何人砍價。再過幾個月，這樣的過程再次重複，我的價格一路提升到8000元。最後，我從一年前的收費1000元，成功提高到收費10000元，但我的工作量其實並沒有增加。這也讓我學到，要賺更多的錢，不一定代表你需要更用力的工作，有的時候，你只是需要比你的競爭者更懂得讓客戶了解你的價值。也是在這個時候，我才開始真正得到一些安全感，因為我知道我開始可以撐起我的家，負擔我母親跟我的生活費、買一台新車、償還所有的債務。

比我想像的還要成功

有了行銷文案的成功基礎之後，我接著利用網路拓展我的事業，我是當時少數透過網路開展行銷文案事業的人，這也給了我

很大的競爭優勢，我的財富也就以年輕時的我完全無法想像的速度持續累積。二十七歲的時候，我查了一下自己的存款餘額，發現我已經存了100萬元，這就是我一直以來都在追尋的「成功」。我知道自己終於做到了，總算從當年那個在超市工作、領最低薪資的小鬼，變成一個年輕的百萬富翁。辛苦了好幾年，我覺得終於可以休息一下，所以我跑到海邊。

接下來的一個月，我沒有接任何工作，我跑到溫哥華市區的英吉利灣，喝著冷飲看著海──也就是大多數人想像中的夢幻退休生活。一開始確實是很享受，但當我這樣躺在沙灘上什麼都不做，一天接一天，一躺就是一個禮拜，其實真的頗無聊的（而且還會曬傷）。所以再接下來一個月，我換了個活動，每天大概都看個六、七部電影，結果就是當你一次看那麼多電影，好像就沒有那麼喜歡電影了。

到頭來，可能一般人要到六十五歲才能擁有的夢想生活，當時二十七歲的我就已經達成了，但我反而覺得既無聊又悲慘。所有應該會讓我快樂的事情都無法讓我快樂。我已經得到所有我想要的東西、甚至更多，但我還是覺得很不滿足。

我不知道我在哭什麼

有一天，我哭著醒來，我老婆看到後有點擔心，她問我：「你怎麼在哭？怎麼了嗎？」

「我也不知道，眼淚就這樣掉了下來。」

「你覺得還好嗎？會痛嗎？要不要去醫院看看？」

「都沒有，我也不知道為什麼會哭，就是一種很沮喪的感覺，但我不知道是從哪裡冒出來的感覺。」

我感到內心十分空虛。我用盡一切努力才達到當時的成就，我終於過上好的生活，終於有了我曾經想都不敢想的存款數字，生活各種所需都已滿足，甚至還更好，可以自由地做任何我想做的事，但我的內心還是沒來由地覺得不快樂。於是我開始問自己：「我到底在追求什麼？我到底為了什麼要這麼努力工作？我的目標到底是什麼？」。然後就像常聽到的陳腔濫調一樣，我說：「人生的意義除了這些身外之物，還有什麼呢？」

從那個時候開始，我走上心靈的旅途，投入個人發展以及心靈的提升。在這之前，我一直都只看重金錢跟實質成果，對於這些心靈的東西往往不屑一顧、覺得只是虛無飄渺的吹牛。但實際體驗之後，我才了解到其實它們有遠比我想像還要實質的意義。從一個年輕的百萬富翁口中說出「我想要找自己」這句話，也許

聽起來很荒謬，但我就是這樣做了。當我費盡洪荒之力往前衝，我以為成就會帶給我快樂，我以為金錢對我來說有很大的意義，我跑在事業成功的賽道上，想要追到成就感，結果卻發現我真正想要的其實是滿足感。我問了自己一句話，也許對你來說也適用：「我在什麼時候最快樂？」

答案馬上浮現。我想起大學的時候，我有教幾個學生武術，教他們的時候，我是沒有收費的，但我非常喜歡這段教學經驗。上課的時候，對我來說時間過得飛快，我喜歡看到我的學生有所領悟，然後學生的變化跟進步就在我眼前發生，我會比學生還要興奮。我喜歡教學。

很多人會說：「我太喜歡做這件事了，讓我免費做都可以。」我不完全同意這句話，我會把它改成：「**我太喜歡這件事了，我要把它當作我的志業，我要想辦法用它來賺錢。**」直到現在，我都覺得教學時，是我最開心的時刻。不過當時的我，頂多就是教武術而已，我從來沒想過要把武術老師當成職業。我捫心自問：「我要怎麼樣才能教更多的東西？我要怎麼建立一個能夠結合我的目的、我的熱情、同時又要兼顧營利的事業？要怎麼做才能讓這項事業變成我一生唯一的志業？」也是從這時候開始，我成為一個全職的教學者，我過的人生開始不再跟我的信念有所衝突。也是這個時候，我開始進入我人生追求的最後一個階段：意義。

想要活出你熱愛的人生，必須問你自己這個問題

「如果中了樂透，明天你還會繼續做你現在的事情跟工作嗎？」大部分的人會說：「才不要，我會馬上辭職，我現在做的事情全部都不做了。」我可以毫不猶豫的告訴你，如果中了樂透，我還是會繼續做我現在做的事，一分一毫都不改。我哪來的自信說這樣的話？我只能告訴你，我賺的錢比中樂透多太多了，但直到今日，我都還是抱著感恩每一天的心情，在做同樣的事。

因為我每天都能夠利用我的技能、專業以及經驗來影響改變數百萬人的人生；因為我能夠在沒有壓力的生活方式下，盡情地從事我真正熱愛的事；因為有一群人認同我的願景、使命以及文化，而我每天都可以跟這些人相處，並且互相學習。

影響遍及全球數百萬人

我幾乎每天都會收到學生的信件，可能只是張簡單的明信片，一包學生家鄉的食物，也可能是用寶石製作的我的畫像。

我並不是要跟你炫耀我有多厲害，我想要呈現的，其實是我的學生對我們這個團體所表達的謝意。在我們這個團體，我們每天都會聽到學生分享成功的故事——辭掉原本日復一日的工作，開始累積財富還清貸款，甚至還送父母去了一趟他們早該享受的

旅行。不只這樣,你還能在我的學生身上看到他們全新的樣貌,有著截然不同的尊嚴跟自信。

每年,我們都會在溫哥華舉行年度非公開聚會,上千個我的學生從全球各地飛抵,共度一個愉快的周末。我能夠面對面聽到他們跟我分享他們的暖心故事,我很喜歡、也很珍惜跟他們每一個人相處的時間。

我很幸運可以在各個社群媒體平台,如Facebook、Youtube以及Instagram上積累數百萬的關注,這讓我可以跟來自不同國家的人說話來往,加拿大、美國、香港、新加坡、越南、泰國、印度、德國、法國、英格蘭、蘇格蘭、奈及利亞、埃及,族繁不及備載。當你很專注的在思考要怎麼給對方一個真正有意義的影響時,賺錢這件事就在不知不覺中顯得快速,也沒有那麼費力了。我的初衷是想要教學並且盡可能幫助越多人,但我其實並沒有想過可以因此賺進這麼多的財富。

做你熱愛的事

我大多數時間都分配給我熱愛的事物:

- 讀書、學習
- 指導學生
- 跟我太太及朋友一起旅遊

- 為我的未來擬定策略及計畫
- 練習截拳道——我最愛的武術
- 與全球頂級創業家與企業家會面

其他的時間,我不太做所謂的工作,我定義的工作,就是任何我不想做的事。我背後有個團隊會幫我搞定這些事,所以我幾乎不太需要去擔心公司裡的日常瑣事,我可以專注在對我最有啟發的事情,並且讓我可以無後顧之憂地思考如何創造最大的影響力。如果公司裡有什麼大事需要解決,我的團隊還是會讓我知道,但更多時候,他們會自己處理。

目前我一週工作四天半:週一到週四全天,週五半天。我可以選擇我的工時,可以再更少、也可以更多,如果我想要的話,完全不工作也可以。這樣的自由是我最喜歡、讓我最快樂的狀態,偶爾我會放個一週或兩週的假飛回亞洲探望我母親,或者跟我太太來個臨時起意的旅行。其他時間,我會飛到不同城市與青年企業組織(Young Presidents' Organization,YPO)的成員碰面,看能不能擷取一些新的想法,讓我帶回來分享給團隊成員。如果你不太熟悉青年企業組織,這裡為你做個簡單介紹,這是一個全球頂尖創業者以及企業執行長的社團,根據組織官方網站資訊,青年企業組織成員經手負責的企業年營收總值達9兆美金,全球有近兩千兩百萬人在該組織成員旗下工作。如果你常跟這些

重量級人物混在一起，多多少少都會接收到啟發跟一些很棒的想法。

所以，如果你問我：「你每天都在幹嘛？」，我會告訴你「我想幹嘛就幹嘛」。

人生的四個階段

我的人生走到現在，已經經歷了很多很多東西。我嘗到成功也體驗過失敗，我賺過錢也賠過錢，結交了很多好人也遇過很多壞人，一路上起起伏伏、有高有低。從我的觀察跟經驗，我歸納出人生奮鬥過程中的四個階段：生存、安定、成功以及意義。

這四個階段是有時序性的，也就是會一個接著一個依序發生，但不保證每個人都可以走到最後一個階段，而且每往後一階，就需要比前一階段付出更多努力。我們先看第一階段。

第一階段：生存

這個時候最重要的就是把自己照顧好，以及賺到足夠的錢來支應生活所需。你可能是負債、破產或者是月光族，不管哪種狀況都一樣，這時候的你就像是溺水的人，努力地抓住任何一絲讓你活下去的空氣，一切的重點就在於存活。

我的人生卡在這個階段的時間最長，不過如果你能撐住、持續突破，並且開始真正對自己人生負起責任，你就可以走向第二階段：安定。

第二階段：安定

當你走到第二階段，你終於有了一點喘息的空間，有個房子可以遮風避雨、有車可以代步，還有東西吃、餓不死，終於不用擔心下個禮拜到期的帳單。這個階段是最多數人的現況。

這時大多數人生活已經無虞，但也開始自滿。房子看起來還不錯，車子也還OK，工作也算是受人尊敬，於是就停滯了，不再為了成功繼續挑戰，因為他們害怕失去目前手上抓住的東西。我花了好多年的時間才爬到這個階段，但我很慶幸自己並沒有在這裡就停下腳步，我繼續力爭成功，因為我認為這樣才會讓我感到快樂。

第三階段：成功

這時候，你已經有了所有你需要的以及所有你想要的。開好車、住進你夢想中的漂亮房子、不管什麼時候都可以做你想做的任何事。很多人會很景仰你，因為你已經是你業界的領頭人物之一──總而言之，你已經進入到一個享受人生的時刻。

但是，如果你在這個階段待得太久，會開始感到一絲的空虛

──好像總是缺少了什麼，但又說不出來到底是什麼。很多人會覺得要填補這個空虛感，就是想辦法再往上爬，來得到更多東西，我也一樣。我花了十年努力追求成功，但當我爬到這個階段的時候，我也感受到同樣的空虛，於是我試圖再抓住更多東西，但還是一直沒有滿足感，直到我達到了第四個階段：意義。

第四階段：意義

到了這個階段，你不只滿足了生活所需，也得到所有想要的事物，同時，也了解到你真正的充實感跟滿足感，是來自於幫助他人成長。你理解到自己不斷追求的成功，是得到一切你想要的，而人生真正的意義，卻是把你所擁有的分享出去。這時候的你，每天醒來時都帶著感恩的心情，內心富足且喜悅。

你渴求更多，但非常滿足現在所擁有的；你有著遠大的野望，但不過份執著；你很強悍，但不會僵化；你不需要再向任何人證明自己的能力，但還是一直在達成更多成就；你規劃著自己的未來，但切切實實地活在當下。這是順流人生的生活。當我打定主意要開始幫助別人的時候，越來越多的人告訴我，我變了──變得更好相處、更輕鬆自得。但是他們還是看著我不斷在累積成就，我常被問：「丹，你是怎麼做到的？」

原因就是，我不再著眼於成功，而是去追求我的人生意義。

解鎖練習

🗝 你現在處於哪一個財富階段？
　　_____

🗝 你想要達到哪一個財富階段？
　　_____

接下來呢？

　　你聽完我的故事了，接下來輪到你開始解自己的鎖了。
　　你理解了財富階段，下一章就要告訴你，要怎麼走到你想要的那個階段。

第一章

解鎖你的財富

　　這個世界充滿著不平等:種族、性別、教育、政治,當然還有,經濟。你會發現貧富差距越來越大,富者越來越富、貧者越來越貧,中產階級則漸漸消失。這樣公平嗎?我不知道,我只知道這就是現在正在發生的狀況。

　　除了經濟不平等之外,現在的學生從畢業走出校園的那一刻,在還沒準備好的狀況下就背負著劣勢。根據2018年9月號的《美國新聞與世界報導雜誌》(*U.S. News & World Report*),過去二十年來,全美私立大學的學費已經上漲了168%,公立學校的非當州居民學費(out-of-state tuition)上漲200%,而應該要最能讓民眾負擔得起的公立學校,當州居民學費則是上漲了243%。大學學費不停漲,但是薪資水準卻沒有跟上腳步。當嬰兒潮世代的人還想著大學生活是一邊工作賺錢一邊念書,畢業之後幾乎沒有負債

纏身,對於現在的學生來說,已經是不可能的事情了。

我們的未來有著這麼多的不穩定跟不確定,大家越來越希望可以找到所謂的答案。不過在這個資訊爆炸的時代,每個人能夠接觸到的資訊量確實越來越大,但同時你也接觸到了許多錯誤的資訊。

所以在這一章,我首先要來踢爆一些最危險的財務迷思。我之所以會說危險,是因為我認為,這些錯誤觀念在你追求財富的路上,可以說是百害而無一利。最後,當你讀完這一章,你同時會得到我的財富三角概念。我們就開始吧!

四個最危險的財務迷思

財務迷思 #1
努力再努力

　　動作快，努力工作、做到不支倒地、做到筋疲力竭，然後再更加努力工作。如果努力工作就是成功的秘訣，那為什麼每天辛勤工作的清潔工沒辦法變成有錢人？有好幾百萬個建築工人、大樓警衛、餐廳侍者與廚師，每天都拚了命地工作，但賺來的錢卻連讓自己過個舒適的生活都沒辦法。如果努力工作真的就是成功的秘訣，那這世界上會有更多人口袋有錢、開心生活。我的第一份工作是在超市結帳櫃台幫客戶打包商品，一個小時只賺10元。工作的時候需要長時間站立，我的背也痛、腳也痛，每天想到要上班就害怕。時間往後快轉，現在的我收取的顧問費是每個小時10000元，我的時薪從10元跳到10000元——所以到底是哪裡變得不一樣了？嗯，我差不多還是同一個人，那個時候沒有高學歷文憑，現在一樣沒有，現在講英文口音一樣很重，我還是那個駱鋒，唯一改變的是我呈現給市場的價值，而我賺到的錢財，不過是價值創造的副產品罷了。

> **Lok-It-In**
>
> 錢財不過是價值創造的副產品罷了。

　　如果你問大多數的人，要怎麼賺更多的錢，他們都會告訴你要更努力工作——「找第二份工作、多輪一點班或者是加班工作」，但我說這是亂槍打鳥，這是把你的精力胡亂用在不同的目標上，然後盼望其中一個可以有你想要的成果。最後你就會發現，你得到的成果就如同你的方法一樣，不夠集中、質量不佳。

　　但如果我們換個方式，重質不重量，不延長工時，而是試著增加同樣時間條件下所能創造的價值呢？如果試著幫別人解決更大、更複雜的問題呢？如果是嘗試增進技能，從而產出更多價值呢？

　　商品打包裝袋是件很輕鬆就能搞定的事情——基本上每個人都做得到。然而，做為一個企業顧問，幫助客戶擬定發展一個成功的行銷活動，就是一個相對困難且複雜得多的問題了。如果你從這個面向來看就能夠理解，想要賺更多的錢，跟你所能提供的價值有關——而不是你的工作量。所以你應該專注在精進自身技能，提升你的價值產出，這麼一來你的收入就會跟著你的改變而隨之增加。

財務迷思 #2
自己創業

　　你有沒有看過Instagram、Facebook和Youtube上那些成功創業分享貼文或影片？你應該知道我在說什麼，就是那種炫耀自己開什麼好車、住的房子多好多好、又去了哪裡度假，還有他們的寫意生活。然後不明就裡的人看了就覺得：「喔我也想要這種生活！那我也要像他們一樣自己創業，然後我就可以一樣開好車、住豪宅、交個模特兒女友，全球到處飛到處旅行。」

　　好吧，我必須要戳破你的美夢。多數人都不是在準備好的狀態下創業的。為什麼這麼說？因為大部分人都是為了錯誤的理由而創業。每次有人告訴我他要創業，我都會問他們創業的理由，大部分會說：

1. 我需要更多的錢。
2. 我需要更多的自由。
3. 我需要更多自己的時間。

　　但問題是，大部分的創業者都不是創業者，他們還是受薪階級，只是剛好創業病發作而已。什麼意思？意思就是這些人之所以會想要創業，只不過是因為現在受雇於人。他們討厭自己的工

作、想要逃避現實,或者自認比他們的老闆更懂得經營企業。他們會這樣想:「我要把我老闆Fire掉,我要開創我自己的事業,我要當自己的老闆!」說是這樣說,但在創立一個事業時,他們卻都用員工的思維來思考。

這裡我要給你一個警告:自己開公司、自己做事業,絕對不會讓你有更多的自由時間。這就跟帶小孩一樣,企業就如同小孩,都需要你的細心培育,需要你花時間留意跟照護。帶領一個新創企業只會讓你的時間變得更少、不會更多,剛開始的時候,你通常會是校長兼撞鐘,什麼都要做,舉凡記帳、業務、行銷、送貨、客戶服務等,都會需要你親自挽起袖子來做。

如果你已經是個創業者,你會知道我在說什麼,這是個全年無休的工作。即使你「下班」了,也從來都不會是真正的下班,你的腦袋還是在想著要怎麼讓公司成長、要怎麼解決問題、要怎麼做優化。所以如果你想要的是做輕鬆的事,那去找個朝九晚五的工作會更容易一點。

財務迷思#3
被動收入

「被動收入」這個概念約莫在2000年時,被很多商業書籍拿出來大肆討論,當時很流行這個想法,要你專注在不用工作也會自動流入的現金流,然後就可以等退休了。網路行銷公司最愛這

個概念了,他們賣的就是這種概念,告訴你只要拉幾個下線,之後你就可以躺在沙灘上喝雞尾酒,等著錢自己飛進口袋。

但你知道,根據美國聯邦貿易委員會的報告,參加網路行銷公司的人,其中99%都沒有賺到錢嗎?就是這些人通通都只在乎被動收入,只想著要不勞而獲,剩下的那1%有賺到錢的人,則是一點也不被動。我怎麼會知道?我有很多從事網路行銷的好朋友,他們為了要維持他們的「被動」收入,一直持續在招募、訓練新成員,不停地參加各種研討會,忙得很,沒那個閒情逸致躺在沙灘耍廢。

於是我了解到,這個概念有個盲點,事實上,在我們生活中多數的領域裡,都不適用**被動**的概念。舉個例子,假設我們要減重,我們不會說「我想要體態好看,我要被動地來做運動」,因為聽起來非常不合理。又或者我們不會認為被動地約會,可以讓你獲得一段健康良好的感情。

被動這個詞隱含著一種不用付出就可以有所獲得的意涵,但這並非這個世界運作的方式。

這個世界所有的獲得,都需要你做出一定程度的付出。即使我們談論最普遍的被動收入概念——投資股票、網路販售以及房地產投資,也都還是需要你付出努力,才能真正有所成功。市場一直在**變**,如果你不做功課,你的投資也可能會付諸流水,而即使是銷售商品,也總是要投入時間跟金錢來做廣告行銷。

就算像是理查・布蘭森（Richard Branson）、比爾・蓋茲（Bill Gates）、華倫・巴菲特（Warren Buffett）、伊隆・馬斯克（Elon Musk）以及其他的富人們，他們都已經非常富有了，還是持續積極參與工作及投資，來維持他們的財富，無一例外，全都非常的忙碌與投入。所以與其用「被動」這個危險的名詞，我倒覺得可以用「槓桿收入」來取代。槓桿就是善用別人的資源、時間及金錢來為自己創造收入。

當一間新創公司在草創時期從創投公司得到資金挹注，就是一種槓桿；當一間公司聘請員工並分派工作給他們，也是一種槓桿；當你利用自動化科技來取代某些人工的工作，也是一種槓桿。你可能會問，被動收入跟槓桿收入到底有什麼差別呢？其中有一個非常關鍵的不同之處：比起被動收入的不勞而獲，槓桿收入的意義更在於善加利用他人的努力來創造收入。當我們討論到可擴展規模的業務時，槓桿收入是個重要的觀念，但目前你只要知道，槓桿收入絕對好過被動收入就可以了。

財務迷思 #4
財務自由

對很多人來說，財務自由的意思就是賺夠多的錢，這樣一來他們就可以不用工作了，然後任何時候想幹嘛就幹嘛、想去哪就去哪，聽起來很棒對吧？但問題是，這是對於財務自由的錯誤印

象。我曾經經營過幾個事業與投資項目,它們都已經是自主營運的狀態,也就是即使我什麼都不做,收入還是會自動湧入我的帳戶,但我很快就發現,我現在擁有財務自由,不代表我可以一輩子擁有財務自由。

任何事物都會改變,市場會改變、經濟狀況會改變、政府法規政策會改變,今天的「財務自由」到了明天可能什麼都不是。

所以相對於財務自由,我更推崇財務自信,這代表的是,你知道不管發生什麼事,你都有技能、有辦法賺錢養活自己;代表你不需要殷殷期盼老闆替你升職加薪;代表你不用害怕經濟波動;代表你永遠不用再覺得自己的財務狀況受到別人的擺佈。當你能夠擁有財務自信,你會感到真正的安全、平和及舒逸。這才是你在職涯中真正應該著眼的。

那我們要如何才能獲得財務自信?

改變我人生的觀念:
財富三角

這個觀念非常簡單,卻極具深義──但這不是什麼理論或哲理,這來自於我的人生經驗以及觀察,而且每天都在世界各地的商場實戰中被我的客戶、學生以及我的支持者們不斷的測試。

財富三角

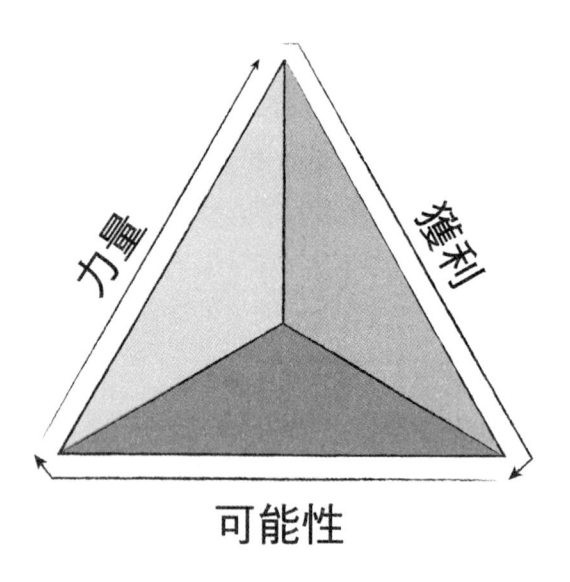

它的運作方式是這樣的：

財富三角有三個面向，力量、獲利以及可能性

1. 高收入技能帶來力量

高收入技能可以讓你每個月賺得10000元甚至更多的酬勞，因為你有辦法提供客戶必需、卻不知道如何自己處理的服務，這

是一個沒有人能夠從你身上奪取的技能，而且不管放到哪個產業都適用，讓你付出時間換取所得，同時感受到心理上的舒適，是你財富三角的重要立基點。有了高收入技能，你也拿回了控制自己人生的力量，你開始可以掌控自己的時間跟收入，你的收入不再有玻璃天花板，你的價值不再是由老闆來決定，而是由整個市場來決定，這是真正的財務自信。

如果你真的非常想趕快了解高收入技能的內容，可以先跳到「解鎖你的高收入技能」這章，會有更詳細的範例，並告訴你如何發展出你的高收入技能。

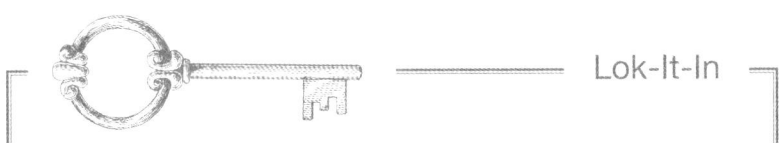

Lok-It-In

這個世界已經不是大魚吃小魚，而是動作快的魚吃掉動作慢的。要賺錢，速度才是關鍵。

---

2. 可擴展事業帶來獲利

可擴展事業，就是你可以不斷複製營運循環並且穩定成長，同時不需要太大量的資本投入及設施建立的事業。舉個例子，餐

廳算是可擴展事業嗎？不算，因為每開一間新餐廳，你就必須投入時間跟資金，同時建立一間餐廳必須要有的基礎建設，你需要租店面、需要重新裝潢、需要聘請訓練新的員工、需要調查新地點的周邊客群市場，在這間新餐廳可以獨立運作之前，你有數不清的事情要先處理。

真正的可擴展事業則不需要預先的準備步驟，就可以成長並服務更多客戶。例如優步（Uber）或者其他的軟體即服務（SaaS）公司，不一定需要多增加辦公室服務點才能增加客戶數，或許會需要更多員工，但相對於開餐廳，所需要的員工數一定再更少一些。

高收入技能帶給你穩定收入，可擴展事業則是帶給你利潤跟現金流。

3. 高報酬投資帶來可能性

高報酬投資項目，是指那些能夠給你最低每年10%報酬率的投資項目，但這些投資的目的不在於創造收入，而是增加你的個人淨值，以及擴展你的**可能性**。

所以財務三角各有各的來源，高收入技能給你力量，可擴展事業幫你創造利潤，而高報酬投資則是為你的淨值帶來挹注，同時開拓你的可能性。

為什麼財富三角會讓你看得更透徹

財富三角表面上看起來很簡單、平平無奇，不過等到你看得更深一點，會發現這其實可以解決很多人經常遇到的常見問題。

「丹，我正要起步，剛開始創業應該要選擇哪一種產業？」

都不要！

千萬不要在你沒有商業敏感度的時候就想創業，你應該先專注在高收入技能，先學會能夠一個月賺進10000元。我們常常在《創業鯊魚幫》（*Shark Tank*）看到有人找到一個點子，就認為這是可擴展產業，把全部身家押進去，「我想到一個超好的點子，於是我就都投下去，房子抵押了、也跟家人朋友借錢了，現在我車庫裡面堆了兩千多個桌遊，快來投資我！」，當然，如果節目來賓凱文・奧利里（Kevin O'leary）聽到這段話，他大概也會講出他的招牌台詞「對我來說你跟死人沒什麼分別。」（You're dead to me）

高收入技能線

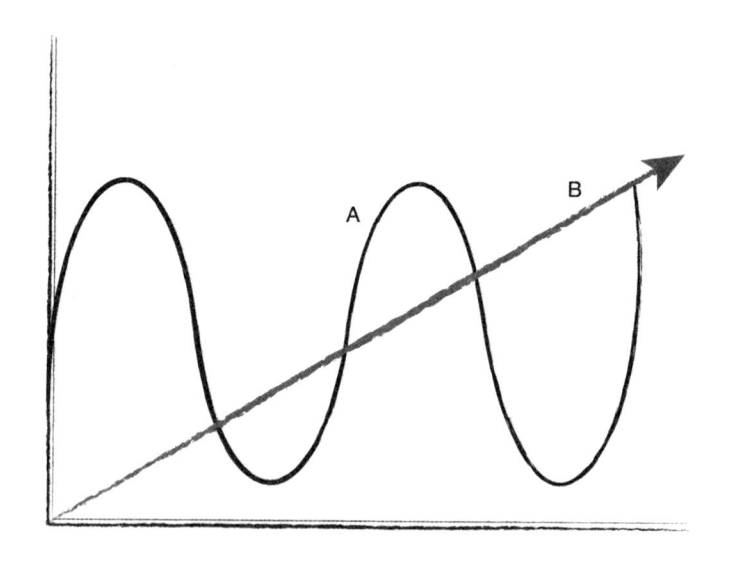

■ 企業現金流量（A）　　■ 高收入技能（B）

從這張圖上，我們可以看到一條不斷波動的線 A，以及一條穩定上升的線 B，線 A 代表的是一般標準企業的現金流量，線 B 則代表了高收入技能的潛在收入。

任何一個經營公司的人都會跟你說，營運過程就是有時起、有時落，某幾年一片看好，某幾年慘澹經營。當公司的現金流量上下波動，就表示你不能把這個事業當作你收入的基礎。然而高收入技能所帶來的潛在收入則不會改變，每年都應該會穩定成

長。之所以可以維持穩定,是因為一旦學會了高收入技能,它就不會從你身上消失,而且不管帶到哪個產業去都沒有問題,所以不會像一般企業那樣,容易受產業景氣波動影響。

另一個我很常被問到的問題是,「丹,我應該投資什麼項目才好?」

我必須說,在你還沒發展出你的高收入技能之前,就不必思考這個問題了。因為這是何苦?舉凡任何投資,像是股票、債券或者加密貨幣,你都需要資本,也就是需要錢。就算你真的找到一個好項目,如果身上沒有錢的話,你又要如何再投資呢?何況你還要兼顧你的肚皮跟生活所需費用,你要上哪籌錢?利息跟股利都還遠遠不夠──尤其是在剛起步的階段。

那房地產如何?你一定知道或者聽過有人因為投資房地產而致富。如同前面所說,如果你是剛剛起步,那故事的結局對你來說就會不太一樣。如果你這時候買了間房子打算當包租公、希望靠租金收入給你帶來每個月固定進帳,那如果房客搬走呢?如果馬桶壞了要修繕?如果還有其他更多沒預期到的費用發生呢?我相信這對你來說會是個大麻煩,而不是金雞母。

所以聽我一句話,先發展高收入技能,再來思考跳入高報酬投資。

透徹就是王道

　　我希望看到這裡,能夠讓你理解為何財富三角理論有如此能耐,它不是那種給出一種建議就想要套在每個人身上的理論,但它會幫助你確認你目前的財富狀況處於哪一個階段。我正在做的事、我正在進行的投資不一定適合你,一切端看你在財富三角的哪一段。當你理解了財富三角,你就看得透徹,透徹就是王道、就是讓你去做出正確行動的能力。

　　我們會在後面的章節,更深入地討論財富三角的各個面向,我想要先介紹六個財富原型——也就是六個現今最常見的財富種類。了解你自己的類型,會幫助你更快解鎖你的財富、成功以及人生意義。

第二章

解鎖你的財富原型

我們每個人都有不同的故事,你有你獨特的個人經驗、信念以及對這個世界的看法,我也有我自己的一套原則,不過我們還是走上差不多的人生旅途。過去的十年裡,我跟全世界數百萬人交流過,他們跟我分享他們的心路歷程以及變化,雖然每個人都是獨立的個體,但我還是從中看出了一些模式——他們都有一些共通的問題,阻擋著他們的成長。

我把這些模式稱作「財富原型」,一旦你了解自己屬於哪一種財富原型,就可以知道接下來書中哪個章節會對你最有幫助。

六個財富原型

籠中的獅子	被束縛的魔法師	奔忙的寶物獵人
無辜的囚犯	流落荒島的倖存者	不滿足的君主

現在,我們就開始一個一個來看。

籠中的獅子

想像一下，你是隻獅子——威猛，狂野，天生的獵手，叢林的王者。但是某天，你被一群獵人暗算，用鎮定劑活捉了你。等你再醒來，發現自己已經身在牢籠之中，你很生氣、很憤怒，你當然想要出去。剛開始的幾天，你大聲吼叫並用利爪去攻擊關住你的籠子。你這樣告訴自己：「我一定會想辦法逃出去，等我出

去的時候,我會讓你們這些傢伙知道我有多可怕。」

這樣的掙扎過了幾天,你越來越覺得筋疲力盡,這時候馴獸師出現,丟了一塊肉給你。一開始你想要抗拒誘惑,因為你是叢林之王,怎麼可能讓人餵食這種塞牙縫的碎肉,但是隨著時間過去,你感覺到越來越餓。終究還是需要食物才能生存,所以你終於朝那塊肉走過去,你對自己說:「我就勉強吃這麼一塊,就這樣!然後我就要出去!」結果你還沒意識過來,第二天已經到了,馴獸師又丟過來第二塊肉,然後第三天、第四天、一天接著一天過去,你越來越習慣有人會給你食物,狩獵的本性慢慢被消磨掉,越來越依賴馴獸師,靠著他丟給你的那塊肉活下去——足夠讓你維持生命,但遠不足以讓你真正吃飽,雖然從沒挨餓,但也從沒真正滿足過。當你有反抗的動作或者吼叫時,馴獸師就會鞭打你然後把食物拿走,所以為了繼續活下去,你選擇聽從馴獸師的指令,即使你心裡也很清楚,你三兩下就可以結束馴獸師的生命。

於是日子一天天過去,一個很危險的狀況正在發生——你被困在一套慣例當中。每天都在同一個時間醒來,馴獸師每天都在固定時間餵你食物,然後你每天都在同一個時間上床睡覺。你再也沒辦法狩獵,沒辦法再體驗那種刺激,也不再是叢林之王,你一身的功夫與潛能,都跟你一起被困在那個籠子裡。你的大腦有個聲音不斷大喊——帶著沮喪、生氣、不耐,你是隻獅子!為什

麼要聽那個馴獸師的話？你可以出去自己狩獵，你只需要踏出這個籠子就行了。

但事實上沒那麼簡單。你的大腦有另一個聲音跟你說：「都待那麼久了，我還有出去狩獵的本事嗎？」你被困在籠子裡太久，導致你已經習慣了日復一日的慣例，不願意再回到原野上冒險犯難。你的想法可能是這樣：「如果我沒辦法再狩獵了呢？如果我已經沒辦法跟其他野生動物抗衡了呢？如果我再也沒辦法靠自己的能力生存了呢？」

籠中的獅子就是垂頭喪志的朝九晚五上班族，他們知道自己擁有狩獵本能，大可有所作為，但是卻為了安全可預期的生活，犧牲了自己的人生，而這種可預期的生活，卻往往讓他們過得更加悲慘。

他們乖乖聽命於馴獸師，也就是他們的經理跟老闆，但從馴獸師那邊得到的報酬卻是少得可憐，僅能糊口。不管多努力工作、付出多少時間、完成多少案子──**被困住就是被困住了**。就像那隻籠子裡的獅子，不管在觀眾面前表演多少把戲，每天總是要被關回籠子裡，在千篇一律跟失去自由中輪迴。如果他們膽敢反抗公司規則或者上司，就等著面對懲罰的降臨。

但是，這些人就跟獅子一樣，內在也是個獵手，只要他們願意，隨時隨地都可以推翻馴獸師、衝出牢籠，但關鍵就在於對於未知未來的恐懼，害怕自己離開目前的環境之後會無法適應、會

遭遇失敗。

如果籠中的獅子不知道自己能不能在原野上生存,被困住的上班族就是不知道自己失去了固定的薪水之後還能不能生存。

> 很多人創業都是這樣,晚上想想千條路,早上起來走原路。一定要做點不一樣的事。
>
> ——馬雲

籠中的獅子想要一吼撼山河,想要回到叢林之王的寶座。被困住的上班族想要成就比每周四十多小時的工時、日復一日的枯燥工作更大的事。但如果我告訴你,打開牢籠的鑰匙,就掛在馴獸師的腰間——就在你眼前晃來晃去呢?如果我告訴你馴獸師看準你根本連踏出籠子一步都不敢,所以有時候根本也沒把籠子鎖上呢?更甚者,如果我告訴你真正困住你的牢籠,其實是你自己的心態呢?如果我告訴你,這隻被關住的獅子真正需要做的事情,就只是鼓起勇氣走出籠子並且重新開始狩獵呢?過度小心是這隻獅子犯下最大的錯誤:牠不信任自己的狩獵技巧,所以寧願放棄,從而選擇可預期的平凡生活帶來的小小安逸。

被束縛的魔法師

你是一個很厲害的魔法師,你不只擁有一般人望之興嘆的能力,還充滿創造力、活力以及想像力,所以你頭腦運轉的很快,學習能力強,執行能力也強。對你來說,這個世界充滿了無限的

可能性，你告訴自己：「我設定的目標，我都有能力達成。如果在我之前有人已經做到相同的事，那我也一定能做到；如果在我之前沒有人完成過，那我將會是第一個。」。

你知道如果你可以不受限制、自由地運用自己所有的強大能力，你可以改變這個世界，但是村中的耆老們卻決定要壓制你的力量，不讓你使用。為什麼？因為如此一來，村裡的其他人以及不懂魔法的普通人，就不會感受到威脅。你的魔法相較於古老智慧，既創新且獨特，然而即使你的魔法可以為村落帶來偌大的正面變化，但長老們卻看重維持傳統更甚於嘗試新的事物。

所以為了讓老人們開心，你決定封印你的能力。你尊重長輩也很感謝他們為你做的一切，但你總是覺得綁手綁腳，沒辦法好好發揮你**知道**自己擁有的能力。

被束縛的魔法師，其實就代表了整個千禧世代的人以及其具備的才能，受限於上一代的長輩和社會階層的壓制。

做為一個有野心、有創造力、有活力的年輕人，你知道你可以為這個世界帶來重大影響，但為了讓父母開心，你還是選擇了傳統的路線。

你是不是也曾聽過這些話：

- 做事保守一點。
- 我們家族裡面從來沒有人這樣做過。

- 做這個你會餓死啦。
- 好好唸書拿個文憑、找份好工作,然後結婚,買個好房子。
- 什麼叫做你沒有要拿文憑?
- 你總要有個退路可以走吧。
- 你就不能跟他們一樣嗎?(你的表兄弟姊妹、你的朋友、你的兄弟姊妹)
- 如果失敗怎麼辦?到時候你要做什麼?
- 你為什麼不先找份工作,先有了後路,再去冒你的險。
- 你不念個學位,我們整個家的面子都被你丟光了。這樣你註定會失敗啦,沒有公司會想要僱用你,到時候流落街頭,你想要這樣嗎?
- 你要我怎麼跟親戚朋友說,就說你是個輟學生嗎?
- 你一定要這麼貪心嗎?
- 你的野心為什麼要這麼大?
- 你不要特立獨行!
- 你不要太出風頭,不然人家會覺得你很傲慢。
- 你現在已經有了這些東西,怎麼就不知道要知足呢?
- 你現在的工作還不錯,要是找不到更好的怎麼辦?
- 我們犧牲一切讓你念書受教育,大老遠跑來這裡都是為了你好,你現在要把這些都拋在腦後嗎?
- 你以前很乖的,怎麼現在變成這樣?

- 你不愛家人了嗎？為什麼要這樣對我？
- 我為你做了這麼多，你就連這麼一點事都不願意為我做？

最糟糕的是，你之所以選擇走傳統的路，不是為了自己而是他人。但你很清楚這條路最後的結局，不會是你成功帶給家人夢想般的生活，所以你覺得就像是被綁的緊緊的，像是要窒息般的無力，而且覺得完全沒有人了解你。你這樣告訴自己：「為什麼他們就不能理解我？我做的這些不是為了我，我都是為了他們。為什麼他們就不能支持我？為什麼總是要這麼負面思考？為什麼要這樣打壓我的夢想？」。如果說他們無法了解你的想法是一回事，他們積極的想要破壞你的目標跟夢想又是另一回事。他們的說詞跟作為都讓你覺得內疚，企圖哄騙你放棄，希望你放棄追逐你的夢想，而你卻只能在腦袋裡想著：「到底為什麼？」

超人也是一樣的狀況,他與生俱有這些不可思議的能力,但他的養父母卻想要「保護」他,要他把這些能力藏起來,別讓人知道。表面上是保護,事實上這些阻止卻是在造成傷害。一旦你決定要釋放你的能力,你將知道自己能達到什麼成就,又可以有多大的影響力,但你就跟超人一樣,都要做出相同的困難決定,

你是要順從父母,還是要順從自己的心?

　　但你要記住,如果你選擇的是你的內心,不代表你就不再愛他們——你只是用你的方式愛他們而已。他們短時間可能無法理解,但終究會的。做出這個決定之後,你可能會覺得很孤獨、被誤解,但當你走出去認識更多人,你會發現這個世界上有很多跟你一樣的魔法師。一旦你下定決心擺脫這些長輩的碎念台詞,你就解開了自身的枷鎖,然後你會發現自己擁有的能力比你想像的要更加強大。你最大的錯誤是以為長輩的意見跟冷言冷語就能夠禁錮你,但事實上你真正的阻礙,還是自己。

> 一旦你決定要釋放自己的能力,你將知道自己能達到什麼成就,又可以有多大的影響力。

奔忙的寶物獵人

　　奔忙的寶物獵人喜歡四處闖蕩冒險、尋找黃金寶物。他們喜歡每一次有新的寶藏、新的機會出現時的興奮感，他們就是喜歡這種在沙漠裡挖寶的活。但是比起真的去尋寶，他們每次獲得新的藏寶圖時好像更加亢奮。每當得到一個新寶藏的消息，他們就

會馬上宣告全世界:「你們都給我等著!我要是真的找到滿滿的金銀財寶,這輩子就不愁吃穿了,你們都等著羨慕我吧!」

但是,當他們跟著藏寶圖走下去,才發現過程需要艱苦地跋山涉海,這時他們往往會放棄。他們的藉口多半是:「這個藏寶圖根本就是假的,根本沒有什麼寶藏,但沒關係,等我找到真正的藏寶圖,就一定會成功。」

這些寶物獵人們處事都帶著彩券心態,他們相信各種外部因素才是真正成功的決定因子。他們到處調頭寸來從事每一次的冒險,但是卻屢屢慘輸,表面上看起來一帆風順,但實際上,內心卻是相當害怕。他們會這樣想:「我會不會出個海就在海上掛掉啊?會不會遇到海盜啊?我找到的寶藏到底夠不夠養我一整個家庭?」

這些問題對他們來說太痛苦了,所以他們直接忽略,只把重點放在追逐寶藏的過程,但其實他們的生活也不是真的那麼令人嚮往,他們非常非常辛勤的奔波,在海上漂泊好幾年,卻一無所獲。偶爾可能找到那麼一點黃金,數量卻是少之又少,也許可以讓他們溫飽一段時間,卻沒辦法大獲成功,幾乎可以說是永遠沒辦法讓他們擺脫這種寶物獵人的生活型態。

他們的家人也時常對於為什麼他們都不在家、到底是去了哪裡感到疑惑。他們會跟家人說:「別擔心,這次就是最後一次了。我一定會找到寶藏,然後回來陪你們。等我找到寶藏,我們

後半輩子都不用再幹活了。」但嘴巴上說的最後一次冒險,永遠都不會是真正的最後一次,永遠都找不到這個能讓他們一躍翻身的大寶藏。即使他們組團出發,整個團隊還是沒有凝聚力,每個人都非常想要找到寶藏,因此只要有別的團隊更有把握能夠找到黃金,他們就會毫不猶豫的跳船轉隊。

寶物獵人很快就會發現,他們那個圈子從來就沒有什麼忠誠可言。前一分鐘大家還齊聲吶喊、誓言要完成共同的任務,下一分鐘可能就跳槽了。

所以這些奔走的寶物獵人又是哪些人?他們就是商業機會主義者。

這些人就是會跳進那些最新最夯的吸金風潮,例如比特幣、加密貨幣、網路行銷、代銷(或稱一件代發)、當日沖銷(或稱日內交易)等等的那種人。他們會大聲宣揚、講得好似這是本世紀最好的賺錢機會,你常常會在他們的社群媒體看到他們寫說,自己正在醞釀一個新的投資機會,目前正在起步階段,叫大家有興趣的話可以私訊他,結果三個月後發現他又換了一個投資項目,但是大話還是一樣地講。就像是患了新奇事物症候群(shiny-object syndrome)一樣,這邊弄一點、那邊弄一些,手頭上的備案多不勝數。

要是方案A不行,他們就跳到方案B,再不行就跳到方案C,表面上看起來似乎一切都在掌控之中,但其實他們抖得要

命。你可能會想問：「為什麼要有這麼多備案？」原因不是他們認為方案本身不能成功，而是在於他們不確定自己能不能做到，他們常會覺得：「我好像沒辦法做到。」

難道不是嗎？你可以在房產市場找到投資有成的人，也一定可以找到失利的人；你會看到有人投資股票致富，也會看到很多股民在股海浮沉、住套房甚至投降認賠。

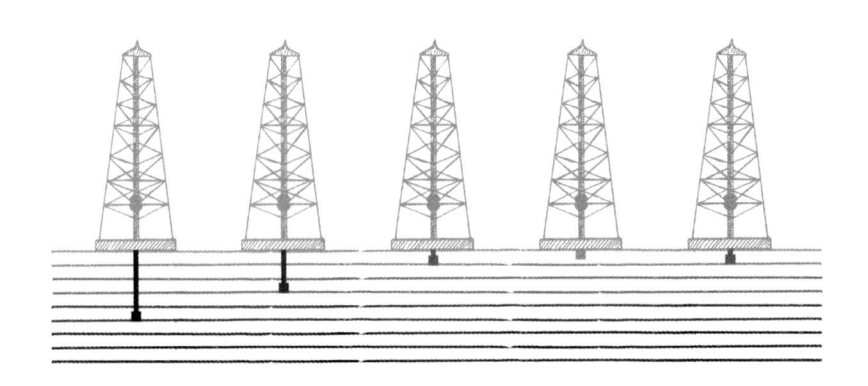

所以方案本身能不能成，並不是重點，執行方案的人才是。一旦他們不相信自己，就會開始擬定一堆備案，這樣一來就不用接受自己的失敗，直接跳進下一個案子，也因為他們害怕投入之後會失敗，所以從來都不敢專注在同一件事上。他們會跟大家說：「這次不一樣，這次一定會成功啦！我就要給我家人夢想的生活了。」但事實上是洞越挖越大、錢越借越多，也把家人全都

拖進去。黃金寶藏的誘惑一再讓他們動搖，而他們就是一次又一次的失敗，找各種不同的理由回去面對家人，接著再次讓家人失望。

最瘋狂的事情是，其實寶藏一直都在他們家裡的後院——他們需要的只是正確的工具。其實挖寶藏，跟試圖獲得人生中的成功，都跟採石油這件事有點像。你想想看，石油往往埋的很深，所以需要耗費很多的時間、精力以及努力去開採，如果在某個點開始挖，過沒多久就移到另一個地點，那就只會挖出一堆空空如也的洞。

所以你要做的就是抓緊一個想法，然後做到底，直到看到成果為止，就像你要挖黑金，就是選好位置然後鑽到底。但是這些奔走的寶物獵人不會這樣做，他們很享受那個追逐的過程，卻又不認為自己做得到、不敢投入而迅速放棄，在他們修正不相信自己這個最大的錯誤之前，一切都不會改變。

無辜的囚犯

　　如果你因為自己根本沒犯下的罪而被抓去關，你會做何感想？你的人生一直以來都是循規蹈矩、做的都是「對的事」，但還是鋃鐺入獄，你會做何感想？這就是無辜的囚犯會遭遇到的痛

苦經歷。

他們就是那種聽父母話、守規矩的乖寶寶，學生時期書念得好、考試考得好，有些人可能還拿到獎學金。他們犧牲享樂，辛苦用功念書，從不怕辛苦，即使畢業之後，他們也是用盡全力工作，努力在公司體制中爬著生涯階梯。我的意思是像律師、會計師、醫師與工程師這種專業職，遵循著一貫傳統、可預期的升遷文化。從外表來看他們是成功人士，身為中產階級，養著小孩，生活一切安穩順利。但內心卻是壓力爆棚，已經快要被榨乾掏空，有些人甚至慘到要吃抗憂鬱藥物才能過活。「該做的事我都做了，為什麼我還是覺得無比失落與空虛？到底是哪裡出了問題？」他們會這樣想。

他們知道有些不對勁，但當他們跟親友提起的時候，總會聽到這樣的回應：「你說你不開心是什麼意思？你有個好工作、好房子、一個完美的家庭，還有什麼好難過的？」日常生活中，時常會看到有人冒險開創一個事業，過陣子又結束收攤，生活就在這樣起起伏伏中渡過但卻過得開心，不過他們只覺得這是莽撞的行為，他們才不想跟這些人一樣屢戰屢敗。他們現在的生活一切都好，但就不是最美麗的樣子，沒有興奮的火花、沒有激情，還必須在外人面前努力維持現在的形象，強裝一個歲月靜好。

更慘的是，即使內心覺得自己的生活過得無比悲悽，他們卻覺得日子就得這樣繼續過下去，不然就是不負責任的行為。他們

強壓自己的想法,在自己深愛的人面前也是隱忍不說,然後自我安慰:「這一切都是為了他們,我快不快樂不是最重要的。」但其實家人想要的,只是他們能夠更常待在家。但他們沒有辦法,因為他們總是在工作,把所有時間都花在那個得努力咬牙忍受才能繼續做下去的工作,強迫自己接受超長的工時,來維持一切現狀安好。他們很快就會發現:「這些年來,時間到底都溜到哪裡去了?時間過得真的好快。」也因為在公司看過不少人被解雇,他們成天擔心害怕、承受著莫大壓力:「要是哪天換我被解雇該怎麼辦?」

這就是無辜的囚犯的情境。別人怎麼說,他們就怎麼做,將他們關起來的牢籠,其實是他們自己親手一磚一瓦砌起來的,他們最大的錯誤,就是義無反顧地遵循著傳統的道路與規則,以為這就是通往幸福快樂的途徑,而忽略了自己的需求。

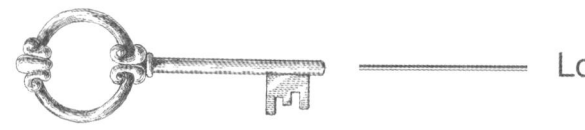

Lok-It-In

你沒辦法成為你想要成為的人,是因為你始終依戀著過去的自己。

真實生活中的「無辜囚犯」

前陣子我在Reddit看到一篇貼文，內容是關於一個四十六歲男子的生活，很感動人心，也完美刻劃了無辜囚犯的情境，我覺得不管是刪節內文或是整理成懶人包都對不起這篇文章，所以我要直接把全文擺上來：

嗨，我的名字是約翰，我潛水一陣子了，但我終於申請了帳號可以PO文，我真的很需要把這些東西宣洩出來。關於我自己呢，我現在四十六歲，有個穩定的銀行業工作，朝九晚七，一周六天，但我發現我的人生一直以來都跟我想要的完全相反，我的夢想、我的熱情，早就都沒了。整整二十六年來，我不管做什麼事情，都是選擇安全的路走，但這也徹底改變了我這個人原本應有的樣子。

就在今天，我發現我老婆外遇，而且已經外遇十年了。我兒子跟我幾乎沒有什麼感情可言，我想不起來為什麼，但我也錯過了我爸的葬禮，我想寫的小說、我想要去的環遊世界、我想幫助的窮人遊民，我一樣都沒做到。這些都是我在我十幾二十歲的時候，認定我一定會去做的事，如果年輕時的我穿越時空遇到現在的我，應

該會狠狠揍我一拳。

　　我先來說說二十歲的我大概是什麼樣子。那個時候的我相信，自己一定會做出改變世界的作為，那個畫面現在講起來都還歷歷在目。當時的我很有創造力、想法前衛、個性主動有衝勁、很敢冒險，也懂得跟人相處，我跟周遭的人關係都非常好。

　　當時我跟我太太已經交往四年了，我們都很年輕，她喜歡我的衝勁跟活力，也喜歡我可以帶給大家歡笑的能力。

　　我那時的兩個夢想：寫一本書以及環遊世界。

　　我曾經很確定我想寫的書，一定會在某種程度上改變世界，我想要闡述我對於「惡」跟「扭曲」的想法，我想要告訴我的讀者，每個人的想法都不會相同，我想讓大家知道，人們往往都不會認為自己的所作所為有錯誤之處。我二十歲的時候已經完成七十頁了，不過到了我四十六歲的時候，還是只完成了七十頁。

　　二十歲的時候，我已經當背包客把紐西蘭跟菲律賓繞了一圈，我的計畫是先去把亞洲也走一走，接著歐洲，再來是美洲（順帶一提，我是澳洲人）。結果到現在，我還是只去過紐西蘭跟菲律賓。

　　好的，現在我要講到我人生最大的錯誤，最糟糕的

轉折點——我最後悔的部分。當時我一樣是二十歲，是家中獨子，必須要有穩定的收入，我必須要拿到大學學歷、拿到那份工作，誰知道這個朝九晚七的工作從此支配了我所有的人生。我當時到底在想什麼？工作就是人生，我是要怎麼活？每天回家就是吃晚餐，準備一下隔天上班要弄的東西，然後十點上床睡覺，接著隔天六點起床，日復一日。媽呀我根本都不記得我上一次跟老婆恩愛是什麼時候的事了。

昨天我老婆跟我坦承她已經外遇十年了，十年好像是段很長的時間，但我根本沒辦法消化這件事，連心痛都感覺不太到。她說是因為我變了，我不再是以前的那個我。所以我過去十年到底做了些什麼事？除了工作以外，我真的說不出來我做了什麼，沒做個好丈夫，也沒有好好的做我自己。所以我到底是誰？我發生了什麼事？我沒有要求離婚，也沒有對她大小聲，我甚至連眼淚都沒流。我一點感覺都沒有。是說我現在打字的時候倒是開始哭了，但不是因為我老婆外遇，而是我現在才發現，我已經從內而外開始慢慢的死亡。當年那個勇於冒險、追求樂趣的我，我的活力，我那個想要改變世界的宏大想法，都跑到哪去了？我還記得學生時期的我在女孩子群裡可是頗為熱門，但我的感情一直都十分忠

誠,話說我根本也沒時間去外面玩,我每天都在念書,當時還有個校花等級的女生約我出去,結果我為了當時的女友、也就是現在的老婆,拒絕了校花。

還記得我剛剛說的寫書跟到處旅行嗎?大概在我大學的前幾年,我半工半讀,然後把賺到的錢都花在這兩件事上面。現在呢,每一分每一毫我都只想要存下來,我已經想不起來我有多久沒有花錢在任何享樂的事情上面,甚至是把錢花在我自己身上,我已經連我自己想要什麼都不知道了。

我爸爸十年前過世了,我還記得當時接到我媽的電話,她告訴我,我爸的病越來越嚴重了,但當時的我正好遇到一個升遷的機會,為了爭取往上爬,我越來越忙,一再的把回家探病的約往後延,只想著老爸你先撐著。結果我拿到了我要的職位,我爸也這樣過世了,在這之前我已經十五年沒有見過他了,我一直告訴自己沒關係、沒見到最後一面不是什麼大不了的事,畢竟我是無神論者,我會去合理化面對父親過世時的這種「沒什麼大不了」的態度。但現在回想,我會覺得當時我的腦袋到底裝了什麼沒用的東西?我一直在找藉口、合理化我推遲一堆事情的行為,這些藉口跟拖延,都只會導向一個結果,就是 Nothing,什麼都沒有。我告訴自己,

能夠在金錢上得到安全感是最重要的事，我告訴自己，這樣是合理的，但我現在知道不是這樣。現在的我很後悔，在我當年還有活力、還有熱情、還有青春的時候，沒有好好做些什麼事；我後悔讓我的工作占據我全部的人生；我後悔沒有當個好老公，眼裡只有賺錢；我後悔沒有完成我的小說、沒有好好的把這個世界走一遭、沒有好好陪伴我兒子，多年來就跟一台提款機沒什麼分別。

看到這篇文章的你，如果你的人生還有一大半還沒過，拜託，不要拖，不要對你的夢想說等一下，好好浸淫在你的熱情跟活力之中，也不要把所有的空閒時間都拿來上網（當然，除非你的夢想就是需要這樣），拜託，趁年輕至少做點不同的事，千萬不要在二十歲就只想要安穩過一生，千萬不要忘記你的朋友、家人，也不要忘記回頭看看你自己的內心。不要像我一樣浪費生命跟雄心壯志。千萬不要像我一樣。

流落荒島的倖存者

想像一下你乘坐飛機,然後飛機突然失事墜毀了,醒來後發現你獨自一人躺在荒島的海灘上,你會怎麼辦?當然,第一件事是先看看是不是有人跟你一樣被困在島上,你想了一下、整理一

下想法,然後大喊:「救命啊!有沒有人啊!」沒人回應,你又大喊了一次,還是沒回應。目前為止,你的世界就只剩下你跟這座島了。

口渴,而且有好幾天沒吃東西了。附近沒有可飲用的淡水,但幸運的是,你找到一些熟透後掉到地上的椰子,你想辦法把椰子敲開來,喝掉裡頭不是太多的椰汁,接著把這些椰殼留下來當作容器來儲水。接下來呢?你在海灘上發現被沖上岸的救生艇,想辦法用它造了一個庇護所,然後你開始在島上探尋有沒有其他生物存在的跡象,但什麼都沒找到。放眼望去都是海,周圍看不見其他的島嶼。

看著一望無際的海,你才意識到自己是真的孤立無援了,然後才覺得無論如何都要撐下去。你開始摸索如何抓魚跟抓螃蟹,但總不可能生吃,你需要火。要怎麼生火?你試著運用在童軍課學到的技巧,用棍子摩擦木頭,幾個小時過去還是一點火花都看不到,越摩越氣餒。突然間,因為你施力不當又太大力,手上的棍子應聲折斷,尖銳的斷面就這樣插進你的手掌。又痛又氣又灰心,你一邊大叫、一邊抓起一顆被沖上岸的排球狠狠丟出去。球滾了回來,上面的血掌印看起來就像張臉。因為太需要有人陪伴,你把這顆排球取名為威爾森(Wilson),就這樣,你突然多了個同伴。(你想的沒錯,這就是湯姆漢克斯〔Tom Hanks〕的電影《浩劫重生》〔Cast Away〕)

有了同伴之後，你冷靜下來重新嘗試生火。這時出現了一點煙霧，然後煙霧越來越大，開始出現一點小火花，接著火花逐漸燒成真正的火，越燒越大，終於成功了，你成功生火了！你終於可以把你的魚跟螃蟹烤來吃了。隔天醒來又接著要開始打獵，因為食物無法保存。然後你找到了鄰近處的水源，把椰子殼都裝滿淡水，這樣的生活將會是你接下來一年的日常。

　　這樣流落荒島的倖存者，就是千辛萬苦的一人創業者。自己一人開創事業，身邊卻沒人懂得欣賞你的創業家精神，你找不到人可以分享你的創業心路歷程，心裡覺得很孤單。每一天都是掙扎著在過，每天都要像流落荒島一樣尋找讓自己活下去的食物跟水，你感覺自己的生活在大起大落中度過，要嘛就是應對現有客戶，要嘛就是苦尋新客戶。當你是在服務現有客戶，你會覺得安心，因為你知道這筆做完之後，錢就要進帳了；但如果你還停留在找案子做的階段，就會有一種要吃土的預感。

　　往前踏出的每一步、完成的每一件事背後都無比艱辛，一點小小的成功，對你來說感覺就像是莫大的勝利。尤其是在事業開展初期，第一個客戶就像是在荒島上用盡全力生出的第一道篝火一樣困難，總覺得能夠成功獲得第一個客戶，就可以喝個三天三夜來大肆慶祝。

　　但就算真的要慶祝，也找不到什麼人來跟你一起分享喜悅，因為根本沒有多少人能理解你做這些事的想法跟原因。於是你只

好抱著你的電腦試圖取暖,但就像抱著那顆叫威爾森的排球一樣,電腦永遠無法取代真正與人群互動的滿足感。

某種意義上來說,你是自由的,因為是一人公司,你可以想做啥就做啥,但同時你也少了可預期收入的保障,你的收入就像是坐雲霄飛車一樣,畢竟要有客戶、要交出東西給客戶,才能有收入,但又不一定有長久的客戶,就如同流落荒島,要打到獵物才有得吃。

在荒島上,倖存者必須顧好自己的庇護所,要想辦法讓自己有遮蔽身體的衣物,也要想辦法處理水、食物、自身安全等問題。同樣的,一人創業者也一樣要身兼數職——從行銷到銷售,再到營運、客戶售後服務,甚至會計帳務,沒有團隊可以幫你分攤工作,就只有你。其他人常覺得你是老闆、你是董仔,但其實你沒有真正掌握什麼事情的感覺,或許你能夠過著還算不錯的生活,但連你自己都不知道,這樣的生活還能怎麼樣再有更好的發展,有時候你就像是冒名頂替症候群[*]患者一樣,你會這樣想:「他們什麼時候會發現,我其實沒有他們想像的那麼厲害?」

---

[*] 這個名稱是在1978年由臨床心理學家克蘭斯(Pauline R. Clance)與因墨斯(Suzanne A. Imes)所提出,用以指稱在成功人士身上出現的一種現象。患有冒名頂替症候群的人無法將自己的成功歸因於自身能力,並總是擔心有朝一日會被他人識破自己其實是騙子。

外人總覺得你可以自己決定工作時間，可以自己選擇一天要工作幾小時、一周要工作幾天。從某種層面上來說是沒錯啦，只是外人不知道你選擇的是一天工作二十四小時、一週工作七天，無時無刻都想著自己的公司業務，即使今天「休假」，你還是會不停思考要怎麼讓公司成長、要怎麼讓公司可以永續經營下去。這樣的長工時、缺乏安全感、缺乏穩定可預期的收入，讓你不禁會想：「我還能做多久？我能撐下去嗎？」這就是荒島倖存者的人生寫照。

這類型人最大的錯誤，就是像個獨行俠般獨來獨往，當他們獲得了普世認為的「自由」時，也只有孤單陪伴著他們，同時失去了未來的長期穩定感。

不滿足的君主

爭權奪位從來都不是簡單的事,一路上得掃除許多障礙,一路征戰十多年甚至幾十年,才總算是坐到王座上。現在你有了一

切你想要的東西：財富、生活方式以及地位。

年輕的時候你就已經以此為目標，你知道只要付出努力，總有一天你會爬到這個階段，而你也真的做到了。

但是不知道什麼原因，即使這確實是你的人生目標，登上王座之後，你的快樂維持不了多久就消退了。隨之而來的是一些不太愉快的想法：

「要是有人想要篡位怎麼辦？如果有人想破壞我的王國怎麼辦？如果別的國家打過來怎麼辦？」

你現在很焦急的在模擬你可能會怎麼樣跌落王位，不停的想要判斷出最大的威脅為何。結果當你看到鄰國正在想辦法加強武裝力量，你就覺得「好啦！就決定是你了！你就是我的下一個目標，我要確保你不會來攻打我才行。」於是接下來一整年，你都在養精蓄銳、籌畫攻擊鄰國，最後終於實現你的攻擊計畫，經過一場苦戰之後，你取得了勝利。王位總算是成功保住了，你也獲得更多財富以及周邊眾人的敬重，大家都認同你是最有宰制力以及擁有最強技能的王者。然後，這整件事又再度重演，你的快樂持續了一陣子之後，馬上又開始手癢、按捺不住想要征服下一個目標。

以上敘述的這位不滿足的君王，聽起來是不是有點耳熟？

這些人就是現實生活中的超成就者。

做為一個超成就者，你的人生一路上都是在前段班，不管在

學校還是在工作上都是,有人說這是A型人格*,但你覺得你只是知道怎麼樣努力能夠獲得成功罷了。你的人生一直以來都在衝刺,只為了得到好成績。你可能在某間公司當到執行長,可能是個很有才能的主管,或者是個資深合夥人,又或者是各種高階職位,不管是什麼,你都是拚了老命才爬到你現在的位置,跟你同領域的人都知道你,也都相當尊重你。但你就像個不滿足的君主,財富、生活水準與地位都是一等一的高,卻時常感到一種有人尾隨在後的不安感,覺得好像隨時都有人會超越你、篡奪你的王位。因此你的人生信念是,如果一個人夠努力,就能獲得許多成就,也就可以從中獲得許多的快樂。

但實際上往往並非如此,超成就通常只會讓你更陷入迷沼:你努力工作,得到許多成果,但當你成就得越多,眼裡就只看得到自己有著更多缺陷,而不是快樂。這些缺陷讓你更瘋狂的投入工作,然後再獲得更多成就,周而復始,你也慢慢地把這樣的迴圈合理化。畢竟你一路走來,無處不是前段班、到哪都被稱讚,於是你當然也自認為是個高過一般人的資優生,這樣的成長歷程讓你很難獲得滿足,直到你贏過身邊每一個人為止。但事實上,

---

* 美國著名心臟病學家梅爾・費德曼(Meyer Friedman)與雷・羅生曼(Ray Rosenman)於1974年提出,將一般人的性格分為2大類:A型人格(type A personality)與B型人格(type B personality)。其中A型人格較為積極、在個性上表現出很強的競爭性、攻擊性、較無耐心、充滿敵意和不安全感。

你永遠也無法在成就的賽道上贏得滿足感。

不滿足的君主這種類型的人，最大的錯誤就是認為獲得滿足感的途徑，是試圖成就些什麼，而不是試著做出貢獻。

哪一種財富原型讓你感到有共鳴？

- 你最需要的是相信自己的能力、努力踏出籠子外的第一步。你是籠中的那隻獅子嗎？
- 你是那個充滿創造力、想像力以及魔力，卻被束縛的魔法師嗎？
- 你是個亂槍打鳥，但是效率卻遠低於專注做一件事的寶物獵人嗎？
- 你是那個在渾然不覺中蓋起自己牢房的無辜囚犯嗎？
- 你是在荒島上獨自生存的倖存者嗎？
- 還是，你是那個無法滿足的君主，持續尋找著下一個征服的目標？

你要記住，這些原型並不是完全不會變動，隨著時間推移，人生課題會不斷地轉變，其相對應的解答也會隨之改變，適用於你的財富原型自然也不會總是相同。

現在的你或許覺得自己就是籠中獅，過一段時間你可能會變成荒島上的倖存者——這些都很合理也沒什麼不對。重點是你必

須要對你自己現在的狀態有所自覺,才能做出正確的應對。

確認自己的財富原型之後,你就可以知道接下來的哪一章最符合你的需求。講完了財富原型,我們接著要來看高收入技能。

你可以在下面回答:

我是屬於

_____

第三章

解鎖你的高收入技能

適用於：籠中的獅子、被束縛的魔法師、奔忙的寶物獵人、無辜的囚犯

你有沒有注意到，傳統的工作職缺消失的越來越快了？有沒有看過新聞報導說，科技進步以及機器人技術，已經慢慢取代越來越多的勞工，能保住自己工作的勞工越來越少了？如果我們看懂這段趨勢，就可以看出一個徵兆——過去的工作型態正在逐漸消逝。

以前的人可以在大學畢業之後找到一份安穩的工作，在同一間公司做同一個職位長達四十年，然後在六十五歲時退休。但是，你應該也很清楚，這個世界早就不是這樣了。也許你才剛出社會，但你也很清楚你不可能在同一間公司就這樣待四十年，又

或許你早就換過好幾次工作、認識有人才剛被資遣,又要再跳進無情的就業市場。

不管你現在處於什麼狀態,都可能已經嗅到一點端倪,知道經濟型態已經在改變,過去我們生活在其中的「全職工作經濟」已經慢慢凋零,一種新的經濟型態已經在崛起——我叫它做「技能經濟」。

崛起的技能經濟

驅動技能經濟的兩個重要因素:

1. 就業市場漸趨減少的全職工作。
2. 還存在於市場的全職工作職缺,對企業來說,是巨大的成本負擔。

我們先來討論第一個:現在的全職工作職缺比以前少很多。你有沒有注意到,麥當勞慢慢開始出現以多媒體服務機(Kiosk)取代服務人員的狀況?你有沒有打電話去客服中心,然後被轉接到外包客服的經驗?你有聽過公司最可怕的恐怖故事「企業縮編」吧,你也很清楚,其實簡單來說,就是要裁員的意思?

這個世界正在改變,企業大多都傾向保留全職的高階主管職,以及高接觸服務團隊(high-touch members)——剩下的職缺大多由自動化取代,或者用外包與約聘方式填補人力缺口。但就算一間公司要維持這樣縮減的全職團隊,其背後的人力成本還是越來越昂貴。

「在美國勞動市場的結構化之下,要聘請全職員工,公司必須負擔高稅額並提供高額福利及保障,使得人力成本相較於同樣能力的獨立工作者高出30%到40%。」*

你想想,如果你是公司的營運者,當你有兩個基本上工作能力一樣的人選,其中一個要多付30%的成本,你會想要聘請他嗎?我們用更生活化一點的例子來思考。假設你要買車,兩個車商開出的條件都一樣(同一牌的車、同款、同樣車況),但其中一個報價20000元,另一個車商報價26000元,你選哪個?你當然會選便宜的那個,企業主在勞動市場做的決定也是如此。

當全職工作跟約聘工作、獨立工作者的數量彼此消長,技能經濟就應運而生。核薪標準慢慢演變成基於工作者的技能,而非根據其文憑證照、經驗或者職位高低而定。不過,也不是每項技

---

* 節錄自《零工經濟來了:搶破頭的MBA創新課,教你勇敢挑戰多重所得、多職身分的多角化人生》(*The Gig Economy: The Complete Guide to Getting Better Work, Taking More Time Off, and Financing the Life You Want!*),黛安・穆卡伊(Diane Mulcahy)著。

能皆平等,就是有些技能可以讓你獲得更高的報酬。

不是每項技能皆平等

你或許對於供需理論已經有點概念了,也就是當某個商品的需求量高,但供給量卻是低的,你就可以知道這個商品是有較高價值的;相反的,如果這個商品的供需狀態是需求量低而供給量高,那麼就可以知道這個商品的價值並不太高。

這個概念一樣可以用在評估技能上,我們可以利用供需原則將技能分成兩個類別:**低收入技能**與**高收入技能**。

低收入技能的供給高而需求低──這就是薪水不會高的原因。完全的商品化,而且市場上擁有同樣技能的人遠遠高於需求量。

舉例來說,你是一位收銀員。當一個收銀員完全沒有任何不對,我人生第一份工作就是收銀員,我前面說過,當時的我拿最低薪資,工時又非常非常的長,我努力工作站到腿都要斷了,但薪資單上的數字還是跟我的付出對不起來,為什麼?因為收銀員這份工作所需要的技能是低收入技能,不管我幫客人打包商品的技術多好、速度多快,還是隨時都能被任何一個路人取代。

相對於低收入技能,高收入技能可想而知是供給量低而需求量高,如果你身懷高收入技能,那麼整個市場都會搶破頭要僱用你,你也必定可以獲得高薪,因為你可以為公司創造高價值。

而且,有高收入技能的你所獲得的工作,往往會提供更多的福利保障,讓你可以更進一步掌控你的財務狀況,也有一定的工作彈性、讓你自由選擇你的工作地點及時間,這些都是讓你的職涯生活感到快樂的重要因素。

不過你可能會這樣想:「丹,你說的這些都很棒很好,但到底什麼是高收入技能呢?」我很慶幸你有想到這個問題,我們在前面曾經提到過高收入技能的定義:

高收入技能

是可以讓你每個月賺得10000元甚至更多酬勞的技能,讓你提供客戶必需、卻不知道如何自己處理的服務。這是一個沒有人可以從你身上奪取的技能,而且不管放到哪個產業都適用

我們來仔細拆解一下這個定義的內涵。

為什麼10000元是魔術數字?

兩個原因,讓我們把10000元設定為高收入技能的魔術數字。

第一,如果你每月能賺10000元(或者說年薪120000元),你已經是全美前6%的高收入者之一,已經可以過著一個相對舒

服的人生——能夠支應你的生活開銷，去高級餐廳吃飯，偶爾揮霍一下，口袋裡還可以剩下不少閒錢讓你投資或儲蓄。這樣的財務狀況會讓你心裡很平靜，因為你不用擔心下個月是不是會沒錢付各種帳單。在財務壓力減輕、心情平靜，同時又有夠多的實得收入的狀況下，你的財富就可以持續成長、擴張。

第二個原因則是根據一個很重要的觀念，但這個觀念目前還沒有看到有人在討論，是我從我的個人經驗中淬煉出的心得。在我過去二十年來在世界各地教學的過程中，我注意到人們的薪資水準跟他們的心理狀態，存在著一種奇妙的關係，我認為每月10000美元的薪資收入，就是所謂的玻璃天花板（glass ceiling），把人分成兩種類型。也就是說當一個人賺不到10000元，他們是其中一類人，如果賺得到10000元或以上，那他們又屬於另外一類人。

我看過的例子中，有人的月薪就在2000元到9000元之間浮動，時高時低，像坐雲霄飛車一樣，但是如果月薪可以超過10000元，他們的心理層面就會開始產生變化，就像是晉升到一個不同的身分層級，不同的舒適水準，他們開始對於自己可以接受與不能接受的東西有不同標準，且會用盡一切努力讓自己維持在月薪10000元的界線之上。

一旦落到月薪10000元以下，他們就會開始覺得非常焦躁不安，從而奮力再讓自己回到界線之上。你在一個從未一個月進帳

10000元的人身上，是看不到這種變化跟情緒的。

如何讓自己變的無可取代

還記得我們剛剛提到，高收入技能的供給量少而需求量高；所以我們也可以知道，像日常用品採買、擦地板跟開車這種技能不會是高收入技能，因此那些在零工平台TaskRabbit或者當優步（Uber）司機的人，是不太可能一個月賺進10000元以上的收入的。但我不是說當Uber司機有什麼不對，這其實是裨益很多人的職業，你可以享受其工作彈性，讓你在一般普通工時外，還可以為自己賺一些額外收入。但是Uber司機沒辦法有高收入的原因，在於隨時都可以被取代，今天有一個Uber司機沒空接單，巷口隨便都有十幾個司機等著讓乘客選擇。

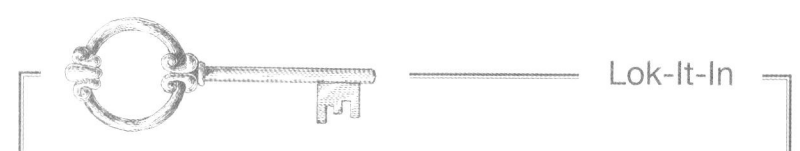

Lok-It-In

重點不在於你賺多少；而是你怎麼賺。

三種達到月薪10000元的方法

要達到月薪10000元有很多方法，但其中還是有箇中差異，賺錢的方法跟賺到的錢本身，基本上一樣重要。

能夠獲得財務自信，也就是有能力在任何情況下賺到錢，再也不用擔心生計問題，是我們的最終目標。

我提出三個達成高收入的途徑：高收入工作、高收入專業以及高收入技能。它們有什麼不一樣？

1. 高收入工作

高收入工作需要依賴公司，就如同前面說過的，在公司裡面競爬著生涯階梯，努力再努力，終於爬到中階管理階層或者再高階一點的位子，你確實是可以每個月賺進10000元的收入。但這裡有一個盲點──要是你的主管有一天決定要解雇你的時候該怎麼辦呢？你覺得你有可能到了一家新公司之後，還能有這樣的高薪嗎？雖然的確有這種可能，但是你沒辦法保證。你現在的職位跟職等有可能原封不動的移轉到下一間公司嗎？一樣，有可能，但沒辦法保證。如果有一天你的公司決定要來個「企業重組」，你該怎麼辦？你過去在這間公司累積的一切知識，能夠原封不動的帶到重組之後的新職位嗎？

當你的高收入來源是高收入工作，你的收入就完全由你的公司所決定。你的公司可以讓你晉升，但也可能把你降職甚至炒魷魚，而這一切你幾乎完全無法掌控（除非你真的想要把根紮得很深，在公司玩宮鬥戲碼），基本上來說，你就是個高收入奴隸。

2.高收入專業

高收入專業需要依賴你的產業。通常需要一些證照或學歷，也就是說，你的頭銜跟資格越多，薪水就會越高。例如醫師、律師、會計師、房地產經紀人還有牙醫師等等，這些少說都要苦讀個六到八年才能拿到學位。但是其中的陷阱就藏在它的定義之中——完全依賴產業。

一個足踝科醫師（podiatrist，專看足踝部疾病）有可能突然間變成一個牙醫師嗎？你會想要請足踝科醫師幫你看牙嗎？我想應該不會。如果今天你是個房地產經紀人，然後整個房市突然盪到谷底（經濟循環過程中常有的狀況），你該怎麼辦？你一直是個厲害的房地產經紀人，現在也是，但有什麼改變了嗎？沒有——除了整個市場跟經濟狀況，而這些都不是你能掌控的，如果真的發生，你就要付出更多更多的努力，才能維持你的收入。

除此之外，多數的高收入專業除了產業依賴，還有地區依賴。如果你是個牙醫、房地產經紀人、律師或是其他專業職，大多是在自己的辦公室執業，服務對象也大多是附近的居民。說真

的,不管這名牙醫是不是真的技術超棒,也沒聽過有多少人願意每次都開五十公里遠的車去看牙醫。這就是為什麼我選擇教給學生的,是發展高收入技能。

3.高收入技能

高收入技能則沒有限制。高收入技能可以帶給你最大的自由度,因為你的身價是由你帶給市場的價值而定,你不需要依賴公司,可以隨時轉往任何一個需要你的客戶;不需要依賴產業,高收入技能可以讓你帶往任何一個產業;你也沒有地點依賴性,高收入技能不一定需要你實際在場才能發揮效用,只要你有辦法將你的價值提供給你的客戶就行,尤其現代科技越來越進步,即使不在辦公室也可以輕鬆完成工作,不管是在家、在一個你喜歡的咖啡廳,或者任何地方都可以。

一旦你獲得了高收入技能,就能擁抱著財務自信,過你的舒適人生。

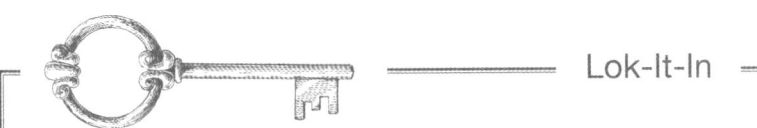

Lok-It-In

一個工作給不了你什麼;擁有專業或許可以讓你達成某些成就,但技能才能真正讓你暢行無阻。

提升技能，提升收入

我們來看看其中一項高收入技能，高單價銷售。一筆3000元的交易，假設你的佣金是10%，那麼你就可以收到300元的佣金收入，一個月假設成交十筆，你的收入就是3000元。如果我們再講細一點，這個月你打了一百通行銷電話，最後敲定成交十筆，平均每十通電話就成功一筆，如果你的技能進步呢？假設你做了更多練習、讀了更多相關書籍、接受更多訓練？

如果你從每十通電話成交一筆進步到每十通電話成交兩筆呢？那麼你一個月就可以有二十筆成功交易，每筆交易300元佣金，你月底拿到的就不是3000元了——而是6000元。這就是高收入技能的奧妙之處，你的技能越精進，收入就會跟著提高。

高收入技能可以讓你的收入大幅增加嗎？

如果你能夠正確地層疊不同的高收入技能，它們就能夠彼此互相增益，收入便可以再翻倍成長。假設你目前的高收入技能可以帶給你每個月10000元的收入，如果你再把另一個高收入技能疊加上去，你每個月可以付出相對更少的努力跟付出，就獲得額外的10000元收入。

讓我來細說一下層疊這件事，我的導師亞倫教給了我第一個高收入技能，文案編寫。如果你看過美劇《廣告狂人》(*Mad Men*)的話就可以理解，文案編寫基本上就是印在紙上的銷售術，是創造成功行銷推廣不可或缺的技巧。擁有這個技巧，我才得以開創我的一人廣告公司，每個月讓我賺進10000元收入。如果這是高收入工作的話，那我的薪水大概也就這樣到頂了，因為我已經接了很多客戶，也需要花費很長的時間來完成這些客戶的需求，我沒辦法再增加工作來增加收入。但由於這是高收入技能，我可以層疊。

我服務越多客人，就越常被問到：「丹，你的文案很棒，但我們到底要怎麼用，才是真正有效率的用法？」所以除了編寫文案，我也開始指導客戶如何運用這些文案以及用在哪裡，並告訴他們行銷活動起跑之後，可以預期到會發生什麼狀況。這些額外工作沒有真的花我多少時間，頂多也就是一個小時、兩個小時，卻能讓我每個月多賺10000元，這就是我所得到的第二個高收入技能：擔任一名諮詢顧問。

我面對同一批客戶、沒有花費非常多的額外工時，年收入就從12萬元翻倍到24萬元，你看出來層疊高收入技能的厲害之處了嗎？

高收入技能層疊結構圖

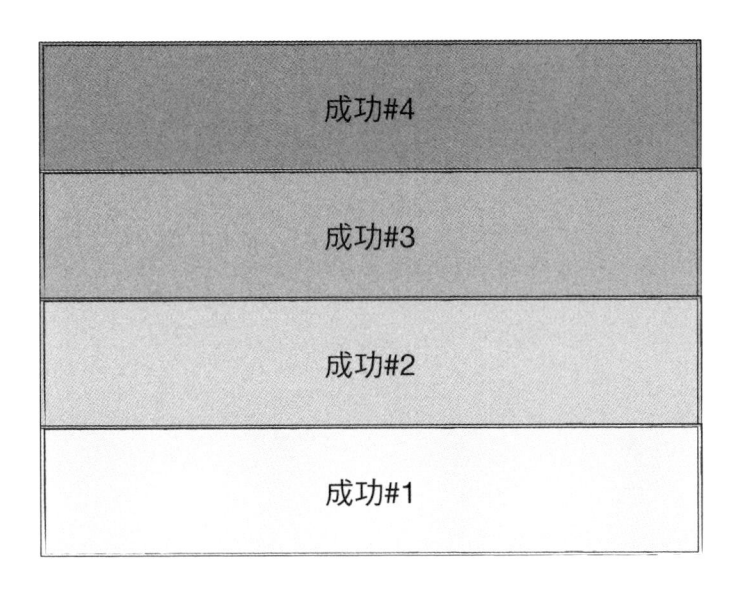

成功#4
成功#3
成功#2
成功#1

不只如此，我還另外在我的高收入技能堆中加入了另一種技能——高單價銷售。

高單價銷售是一種特殊技能，讓你能夠處理3000元以上的交易，這類型的大案子會需要更多的人與人直接溝通才能完成。就我原本的一人公司來說，光是寫文案跟提供諮詢，就已經讓我能過上不錯的生活，但我知道，如果我想讓我的收入達到下一個階段，必須開始把目標放在那些願意付大錢來獲得高品質成果的客戶，所以我開始運用高單價銷售技能來抓住這些「大魚」，這

是真正讓我的收入上到一個不同境界的重要技能。

然後，我再加入另一個技能：數位行銷。我利用網路世界來讓我接觸到更大量的人、來創造更高價值。這樣一層又一層的高收入技能疊加，讓我從年薪10萬一路躍升到年薪100萬，聽起來很簡單，雖然確實是簡單——但卻不容易做。

一般人發展高收入技能時會犯的第一個錯誤

幾年前查理‧羅斯（Charlie Rose）訪問了威爾史密斯（Will Smith），並問了他成功的秘訣，他是這麼回應的：

「假設你要蓋一座牆，永遠不要一開始就訂一個過分遠大的目標，不要一開始就想說『我要蓋一座超大、史上最厲害的牆』，這不是你的起始點，你要想說『我要用最完美的方式，把眼前這塊磚完美的砌好』。」

威爾史密斯這段話，完美的描述了要怎麼層疊你的高收入技能：先在其中一項高收入技能穩穩獲得成功，再往下一階段走。很多人都是這邊摸一下、那邊試一下，一個技能都還沒有發展出一定的能力跟成果之前，就急著想要跳到下一個。這就不是像威爾史密斯說的砌磚牆，只是把磚塊隨手丟在一起而已。

高收入技能堆疊圖

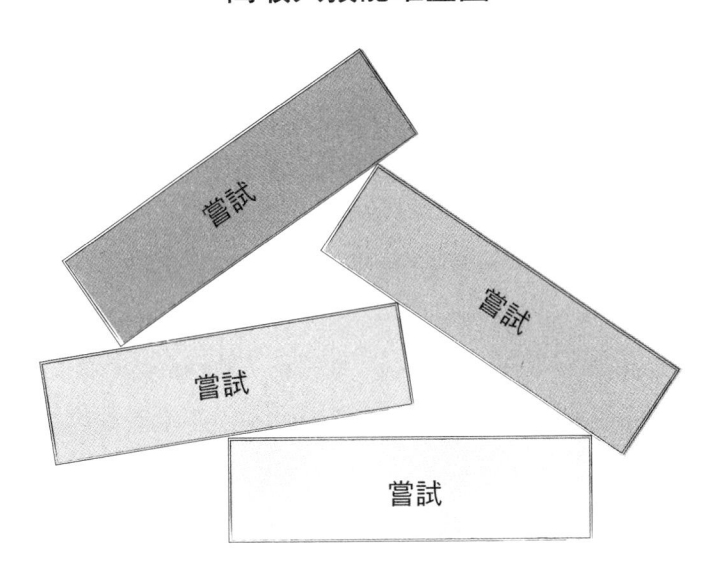

嘗試

嘗試

嘗試

嘗試

　　這樣的方式只會讓你在發展高收入技能的時候一路難行，可能會是你的技能發展停滯，也可能是你會遲遲無法找到願意花錢買你技能的客戶。另一個我常看見的錯誤是，有些人會放棄已經努力多時的高收入技能，只因為成果來的比較慢。我的建議是：要有耐心。在你可以運用高收入技能獲得每個月 10000 元的收入以前，不要跳到下一個高收入技能。

給你年薪12萬的高收入技能

看完上面,你的下一個問題可能是:「好我懂了,我應該要專心走高收入技能這條路,那我應該選哪一個?」某個高收入技能適不適合你,取決於你喜歡什麼跟不喜歡什麼,每個人的狀況皆不同。不過我在這邊介紹一些我個人很喜歡的高收入技能,讓你能夠對各種不同的技能,有著基本的概念。

文案編寫

如同前面所說,這是以文字為載體來表達的行銷術:用最吸引人的方式來打造廣告、行銷信以及行銷網頁。文案就是用文字的堆砌來讓產品賣得更好,如果你看過告示牌上、報紙上、Facebook上的廣告,又或者是任何一個超級盃轉播中的廣告——那個就是文案。這樣說啦,你想要傳訊息約你的對象出去約會,你想破頭寫出來的那段訊息就是文案!這是最適合發展的高收入技能之一,也是我第一個起頭的高收入技能。

創意寫作

創意寫作包含代筆、自由撰稿、撰寫部落格,族繁不及備載。這對於創意滿點、想法奔放的人非常非常的有利。

諮詢服務

諮詢顧問是一個深具創意的問題解決者,可以從客觀的角度來檢視一間公司,然後發現問題、提出解決方案。一言以蔽之,一個好的諮詢顧問,是用他們的專業提供公正建議,藉以換取報酬。如果你對某一件事非常拿手,你的朋友常常來找你幫他這件事,或者你知道你在某個領域有很頂尖專業的能力,那麼你可以考慮走諮詢服務。

數位行銷

數位行銷涵蓋了數位行銷漏斗規劃、管理Facebook頁面及廣告、培養Instagram帳號、透過社群媒體維護客戶關係等等。對於喜歡、熟悉社群媒體又充滿野心的年輕族群,這是個非常適合發展的機會,何不就把這當作一種能力呢?現在早已進入資訊爆炸時代,但總是會有公司無法在第一步跟上潮流,如果你能在這個領域幫助客戶,一個月只要服務四個收費2500元的客戶,這就是你的高收入技能。

部落格／內容創作

寫部落格跟創意寫作很類似,但如果你是經營自己的部落格,那你就可以從中學習如何管理線上行銷、廣告、創造流量點

閱率等內容。如果你可以利用這些媒介傳達一些有用的資訊來幫助別人，這會是個非常棒的能力，假如你又可以同時結合你的行銷能力，它帶給你高收入的日子也即將到來。

談判協商

談判協商技巧在任何地方都會派上用場，幾乎是不可或缺。也許你不會因為單單從事這項工作就能夠月進 10000 元，但對你其他工作都會有加乘的效果。不管你是跟客戶、潛在合夥人，或者是供應商協商，協商技巧都是成敗關鍵，這也是所有高收入技能中最重要的一個，能讓你的其他高收入技能更有效率的運作。

公開演講

很多人對於公開演講，就只有「怕爆」兩個字。這樣講好了，你要他在一場葬禮上台發表悼文，他會寧願當那個躺在棺材裡的人。所以真的能夠輕鬆進行公開演講的人少之又少，我說的不只是可以在群眾面前有自信的說話──而是要將你的故事跟想法，傳達給台下的觀眾。

外文翻譯

全球化的興起，使得世界各國的商業交流越來越頻繁，如果你能流利使用多國外語，這會是一個很值得你深入發展的能力，

畢竟學習一項外語不是大多數人能在短時間內做到的事，所以才會有人願意付錢請專門人才來做這件事。

攝影

我有一個朋友是攝影師，但收費不貲，但他不單單只是一個「按下快門」的人，他會花很多時間跟努力跟客戶溝通，確保他能理解客戶的需求並提供建議，讓客戶的想法可以透過照片完整呈現、保存一世。攝影師要對客戶做到這樣的照顧跟同理心，才對得起他的高額報酬。

程式設計

科技越來越無處不在，很快的（其實現在就開始了），人工智慧（AI）與虛擬實境（VR）就會在我們的生活中扮演越來越重要的角色，程式設計師將會成為在各個產業都不可或缺的人才──從行銷領域、到醫療健康，再到財務會計都一樣。如果你有這方面的興趣跟顯著天分，這會是你可以努力的方向。

高單價銷售

高單價銷售技巧，就是讓你敲定高單價交易的能力。當大部分的業務只是在腦中空想時，高單價銷售教你的是如何滿足客戶的需求，並讓客戶在瞭解完整資訊的情況下，自主做出決定。

當公司想要賣出價值3000元甚至以上的產品或服務的時候，可能無法單純用簡單的線上訂單就處理完成，通常會需要一個負責對應的業務親自跟客戶聯繫溝通，這就是高單價銷售介入的時機。

對於自己開公司的人，這也是個相當有價值的技能，如果你自己經營一間公司，一定也希望自己的收費價格可以高一點，但如果沒有高單價銷售技巧，你大多只能用低價跟別人競爭，就算在價格競爭中獲勝了，實質上卻根本沒贏到多少。

高單價銷售是我很喜歡的一項技能，我在全球超過一百五十個國家教學生這項技能，在第七章「解鎖你的銷售實績」中，會有更詳盡的說明，你會學到如何在電話上敲定一筆高單價交易。

終極高收入技能

以上的潛在高收入技能範例中，我最喜歡的三個是**高單價銷售**、**文案編寫**以及**數位行銷**。我認為這三個是終極高收入技能，因為這三個技能可以在實質上幫助公司創造收入，或是贏得新客戶。

它們不受景氣影響，有最高的創造收入潛力，而且永遠都會有公司需要這三項技能。經濟好時，公司會想要更多客戶來讓營

收更好；經濟不好時，公司則是需要更多客戶才能生存，所以有這三項技能的人，永遠不怕沒有公司青睞。不僅如此，這三項技能也擁有人工智慧跟機器人所無法取代的特質，也就是人與人的接觸。

你可能會說：「可是，我不是業務也不是行銷人，這些東西要怎麼應用在我身上？」但我要告訴你，高收入技能最棒的地方在於，它是絕對可以讓每個人都學習上手的，我已經教過無數的學生，其中各行各業都有，事實上他們絕大部分都不是業務。你還記得你第一次學騎腳踏車的樣子嗎？學習高收入技能就像是學騎腳踏車，一開始有夠嚇人、一路跌跌撞撞，但當你越來越懂得抓到平衡，就越來越覺得好玩，等到你學起來之後，就再也不會忘記了，高收入技能就是這樣。

要怎麼發展你的高收入技能

現在你了解擁有高收入技能的絕大益處了，是否覺得也應該發展出屬於自己的高收入技能呢？首先你必須要知道，阻擋我們發展高收入技能的，往往不是資訊或者是資源缺乏，而是更深層的東西。

第四章

解鎖你的運氣

漢字文化圈中,數字四並不吉利,所以我們跳過這一章。

第五章

解鎖你的個人力量

適用於:籠中的獅子、被束縛的魔法師、奔忙的寶物獵人、無辜的囚犯、荒島倖存者

所以到底是什麼阻擋著我們前進?

我覺得我的人生至今都在找尋這個問題的答案,為什麼有人就是會比別人更成功?看起來我們都有著差不多的能力,但大部分人就是無法達成他們想要的目標。

當我聽到有人說:「我做不到」我都很疑惑到底是他們不知道該怎麼做,還是他們根本沒有想要認真去做。是缺乏相關知識嗎?還是缺乏意志?很多人認為他們是缺乏知識才會在原地踏步,所以當他們無法完成某件事情的時候,第一件事就是想方設法尋找像是教你「怎麼做」、「如何減重」、「如何開創你的事

業」、「如何讓老闆幫你加薪」、「如何讓你獲得升遷」，如何這個、如何那個的秘訣。

我們來看一個例子，你知道想要減重的話，該怎麼做對吧？

如果你上網搜尋「如何減重」，會找到十幾種不同的飲食計畫，每一種都跟你說一定可以讓你成功減肥，你會找到生酮飲食、阿特金斯飲食法、蛋奶素飲食、全素飲食、體重觀察者飲食、生機飲食，還有超多不同的飲食流派。但如果我們真的要講到減重的精髓，我們早就都知道，不就是簡單兩件事——少吃、多動。

我們明明都知道該怎麼做，但為什麼我們就是不去實踐？為什麼我們會一直讓拖延病發作？或許問題不在於我們不知道該怎麼做——而是我們沒有真正去做我們早就知道的事。

你看，想要了解有關於減重、升職、創業或者任何東西的時候，我們首先可以做的事非常簡單，就是上網找資料。你覺得你可以找到多少相關的podcast節目、書籍、部落格、文章以及課程？我覺得某個單一主題，可能就可以找到百萬甚至千萬筆資料，多到你花上三十年也看不完。

在大部分情形下，你會找到太多太多的「該怎麼做」，這種資訊看多了往往會麻木，他們會停下來好好的思考分析，但是什麼都不做——這才是阻擋我們前進的原因。他們不行動，不是因為他們手頭上的知識太少，相反的，是他們可以接觸到的知識實

在太多了。

教導你如何達成目標的知識多到快要把人淹沒了,但大部份人,卻仍然渴求著他們大腦裡沒有的智慧,這才是真正的問題。

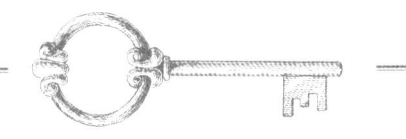

Lok-It-In

知識多到快要把人淹沒了,但大部份人,卻仍然渴求著他們大腦裡沒有的智慧。

為什麼我們需要少一點知識、多一點智慧?

知識帶給你的,是實際行動的潛在能力;智慧帶給你的,則是把知識付諸行動的實際力量。知識讓你知道應該做什麼,智慧則是讓你知道不需要做什麼。知識極為豐富,而智慧相當稀有。

太多的知識反而會讓你頭昏眼花、感到受困,但數量剛剛好的智慧,則是讓你充滿力量、幫助你脫困。

> 我們無法用與製造問題同樣水準的思維來解決問題。
> ——愛因斯坦

陷入困境的時候該怎麼辦

當你在人生中遇到困境的時候，你以為的問題往往都不是真正的問題，所以真正有用的解決方案，通常都在你可知內容的範疇之外。下面的內容會接著告訴你這是什麼意思。

想像一下這裡有個箱子，箱子裡面是「你已經知道的」。

你的自尊、你的經驗、所有你現在認知相信的東西，都在這個箱子裡，大多數人的這個箱子，都是小巧玲瓏。

現在再想像旁邊有另一個更大的箱子，這個大箱子代表的是「你所不知道的」。

你看看這兩個箱子的大小差距，就能理解到，你所不知道的遠超過你已經知道的。但是，有趣的來了，再想像一個巨大的空間，把這兩個箱子包含在內。

你沒有意識到｜你不知道的

你已經知道的

你所不知道的

這個巨大空間所代表的，是你沒有意識到，自己其實根本不知道的事。

一般人沒有意識到他們眼前真正的障礙，只知道要一直不停地吸取知識，以為「我只要知道這個怎麼做、那個怎麼做，我就會成功了啊」。現實生活中，他們是在毫無意識的狀況下，被一股看不見的力量所牽制，聽起來可能有點難懂，沒關係，我再舉個例子。

假設你現在正在開車，你踩下油門，然後車子前進，但不知道為什麼車子突然間變慢了，你心想：「一定是我油門催得不夠大力，我再用力踩下去就是了」，但是車子還是一樣龜速。這就是一般人遇到問題時的反應，某件事看起來行不通的時候，他們只會想著，那就更用力地去執行──像是再更用力地踩油門。

但是大多數人不了解的是，這不一定是正確答案，有時候可能是你忘記放開手煞車，只是你不知道也沒注意到。想想看，如果你放開手煞車的話會發生什麼事？你的車子當然會順利向前衝。對於那些一直受困於某些相同障礙的人來說，這就是他們最大的問題。所以當他們以為自己不夠用力踩油門的時候，其實不然，不過是沒把手煞車放開而已。那麼「手煞車」代表了什麼呢？我都把這些看不見的反向力量稱作「隱形鎖鏈」。我面對面教過超過數萬名的學生，線上教學更是接觸過百萬人以上，我發現每個人的身上都有這種隱形鎖鏈的痕跡。

第五章 解鎖你的個人力量 125

　　有時候，這些鎖鏈平常看起來再正常不過，但如果你細細思查，會發現它對你來說有多礙事就有多礙事。這些鎖鏈中，有一些可能是在一個人年輕的時候就灌輸進大腦，變成一種潛意識的觀念，只為了讓自己可以融入社會。當我們有可能突破而且成就一個更成功的人生時，這些觀念就會變成枷鎖。又或者是因為年

紀跟我們所處的環境，使得我們把它當成日常狀態而不多加質疑。我們就來看看你能認出幾個你擁有的鎖鏈。

七種隱形鎖鏈

隱形鎖鏈#1「慢慢地賺錢、慢慢地累積財富」

你為什麼會想要擁有更多的錢？當然你可能是想要買更多的東西，那買完東西之後呢？或許是因為你想要逃離討厭的工作，想要有更多陪伴家人的時光，想要做一些自己喜歡的事情，像是旅遊或者花大錢享受一番。你要的是有時間能做你想做的事。很多人可能覺得一個人的富有程度，是由他擁有多少財產來衡量，其實不然，是由**時間**來衡量。你賺錢的速度越快，你就越富有，我來證明給你看。

我們假設你一年可以賺25000元，讓你賺個四十年，最後會賺到多少錢？總共是100萬元。沒錯，100萬元絕對不是小數目，但問題是你要花四十年才能賺到這100萬元。假如我們說你可以在一年內賺到100萬元呢？總金額是一樣的，但速度比那個花四十年才能賺到100萬元的人快了四十倍，你也就比他富有四十倍。

這就是為什麼我說富不富有是由時間來決定,而不是金錢。所以如果你想致富的話,「慢慢來」絕對不會是好的選項。

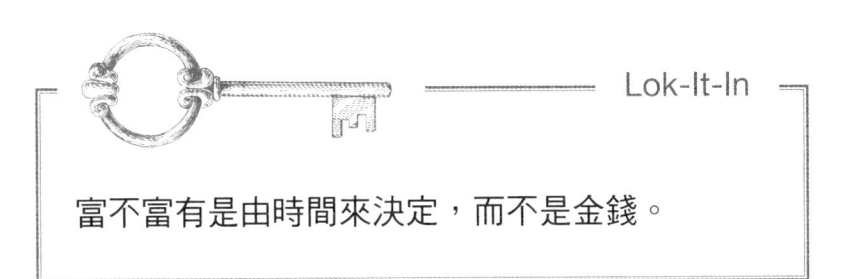

― Lok-It-In

富不富有是由時間來決定,而不是金錢。

大部分的人聽到快速致富,即使你只是提起這個想法,他們都會馬上聯想到一些負面的鬼點子,或是不三不四的詭計,但事實上這才是你應該做的唯一方法,這就是社會給我們的隱形鎖鏈。快速不代表你可以不用付出,你還是要出盡全力,但差異在於,有些人花了四十年辛勤工作,到頭來還是無法舒服退休。

你所提供的價值 ✕ 你所服務的客戶＝你所賺到的金錢

你賺的錢其實就是你創造價值時的附加產物,你想要賺更多錢,要嘛是創造更多價值、客戶數量不變,或是維持你的價值水準、服務更多客戶。神經外科醫生能拿高薪,是因為他們能夠替病患創造非常高價值的服務；極具影響力的企業家,例如馬克・

祖克柏（Mark Zuckerberg）、史蒂夫・賈伯斯（Steve Jobs）以及伊隆・馬斯克（Elon Musk）等人，他們能有高額薪水，是因為他們創造出來的服務可以接觸到全球幾十億人口。所以，如果你真的想要賺大錢，你要問的問題是「我要怎麼創造更多的價值，來提供給更多的人？」擁有高收入技能，你的收入將會呈現指數成長，因為你會知道如何創造更多價值給更多的人，你的薪酬將會以你帶給市場的價值來計算，而不是你付出的工時，同時，你賺錢的速度也將會越來越快。

斷開鎖鏈：

賺錢的速度越快越好

隱形鎖鏈#2「你現在的自我意象」

你永遠都無法成為你想成為的人，

因為你無法擺脫你一直以來的模樣

不知道你身邊有沒有這樣的人。例如交往了十幾二十年，甚至三十年的情侶，但一直還是有火花、有熱情？或是交往了一陣子就每天大吵特吵、想把對方掐死的怨偶？

除此之外，你有沒有認識一種人，永遠都是正向開心，即使遇到事情了也面不改色？而另一種人則是就算一帆風順，他還是

脾氣暴躁、怨這個怨那個？

　　這些差異的原因，都跟本世紀心理學最大的發現有關——也就是自我意象的概念。我曾經在我的TEDx演講中分享過這個概念。當我們看著鏡子中的自己，那是我們外表看上去的模樣——並非我們的自我意象。要觀察你的自我意象，你需要做的是觀察你人生的每個面向，你的身體、你的工作職位、你的感情生活、你現在的收入，這些都是你自我意象的外展表現。

你的自我意象就是你認為最適合你的樣子，是你可以預見自己去做的事，或者即將成為的樣子，大多數人會試圖透過改變外在的事物，來改變自己的身體外貌、財務狀況以及交往關係等等，使得自我意象變成是一種自我實現的預言。

這是因為人類心理中，最大的一股力量是來自於我們對於自身意向的維持。

如果你認為自己是保守而且事事打安全牌的人，你有可能去玩自由落體或者跳傘嗎？如果你認為自己是個外向愛交際的人，你有可能在一場派對上獨自一人呆站整晚嗎？又如果你認為自己是一個內向害羞的人，你有可能在派對上跟每一個人自我介紹嗎？我們多數人都被困在自己的舊形象裡──我們預期怎麼樣會是最適合我們的那個樣子。而我們大多數的自我意象，可能都是在人生非常早期就建立完成了，來源基本上都是我們周邊的人：家人、兄弟姊妹、朋友、老師、媒體、整個社會，或是任何權威形象。一句簡單的「你好害羞」、「你怎麼這麼會惹麻煩」，都會在成長過程中對我們造成重大影響，畢竟我們會很自然地去認真相信每一件我們小時候被告誡、被教導的事。那麼問題來了，我們的自我意象，其實在很多時候都不吻合我們想要的，此外，有時候我們想要嘗試新事物的時候，會很自然地發自內心的抗拒，因為我們會覺得「這不是我」。

我們在心理上都有一種想要維持自我意象的想法，這就是為

什麼我們很少依據我們所學到的知識來做事,因為你的大腦本身就不會這樣做,而是選擇依照你原有的樣子跟原有的想法去運作、依照你的自我意象去運作。更悲哀的是,有時候有些人會選擇降低自我意象的標準,只為了配合他們所處的現實狀況。或許他們的人生一路走來都是跌跌撞撞甚至每況愈下,於是很快的他們就開始想要放棄,不再去思考怎麼讓人生過得更好,他們會說:「人生大概就是這樣吧」。但幸運的是,降低標準也未必就再也沒有機會,當這個人可以感受到自我意象提升時,他會很自然地想要再向上成就更多,然後就會自然地做出更多的行動來支持這個想法。

如何在沒有動機的情況下養成良好習慣

好幾年前,我認識一個人叫做麥克,他每天早上六點都會準時起床然後出門跑步一個小時,每天都是如此,從不間斷。有一天我問他,「你怎麼可以這麼有紀律、有動力,每天早上都晨跑一小時?你的祕訣到底是什麼?每天耶!」

他用一種很微妙的眼神看著我說,「我每天這樣跑,因為我就是個跑者啊」他的語氣像是這件事完全不用質疑,他沒有說他每天都需要聽自我激勵的錄音帶,他不需要特別安排跑步的時間,也不需要請跑步教練督促他,他每天這樣做的動力,並非來自於他的紀律,而是因為他對於本身的自我意象,就是個跑者。

當你有個強而有力的自我意象，強而有力的習慣就會跟著出現。如果你擁有健康的習慣，但卻有著孱弱的自我意象，那你有很大的可能最終會回歸你的本性，這不就是一般人減肥之後又復胖的原因嗎？他們並不是沒有依照飲食與運動計畫，而是他們的自我意象沒有跟著改進，現實的狀況就這樣又回到舊自我意象的水準。

如何得到你夢想中的那輛車

我的事業正要起步時，我一直有一輛很想要的夢幻車款，MAZDA RX-8，連像是要加什麼套件、要什麼顏色，所有想要的配件等等都在我腦中。我非常清楚需要投資多少錢才能買下這輛車，但問題是，這遠遠超出我可以負擔的價格。然而，我並未降低我的標準說「另一台車跟我想要的差不多，而且價格比較符合我的預算，我看不如買這台算了」不，我很清楚我要的就是這輛RX-8，其他的都沒辦法替代。

我想像我坐進夢想中的車裡，我幾乎可以感受到我握著方向盤的感覺，幾乎可以聞到皮椅的味道。我可以在腦海中看到車子的每一個細節，雖然當時根本買不起，我還跑去經銷商試乘了這輛車。我這樣做是為了讓我深刻感受到，開這輛車是什麼樣的感覺，而且我還試乘了好幾次（當然我每次都得去不同的經銷商，不然他們應該不會讓我開了又開）。

重點是，在我的大腦裡，我已經擁有這輛車了。每次我在路上看到這輛車，就會指著它跟我朋友說：「這就是我的車。」

　　「什麼意思？」

　　「你看到那輛RX-8了嗎？那是我的車。」

　　「你是在說啥？你的車又不是那款。」

　　「你等著看，那就是我的車。」這時候我朋友就會露出一副我簡直是瘋了的表情，然後聊別的話題。

　　後來，我有能力買這輛車了。我去了經銷商，指著我要的那款車，當場就把它買下來。銷售員告訴我，這是他經手過最快成交的一次。你覺得我買到我夢想中那輛車時，心裡是什麼感受？很多人會說我一定覺得超讚，畢竟努力這麼久，最後終於買到了。

　　不，我什麼都沒感受到。因為我已經在腦海裡開過這輛車無數次，我感覺就像我早就已經擁有這輛車一樣。俗話說眼見為憑，但在這裡並不適用，我要告訴你的是，要先清楚明確地構築自己的夢想，把它想成是你的現實，這樣一來，你的夢想就會實現。所以千萬不要降低期望值來符合你的現實，你要活得像是你的美夢都已經成真，再催促你的現實跟上腳步。

斷開鎖鏈：
你要活得像是你的美夢都已經成真，再催促你的現實跟上腳步。

隱形鎖鏈 #3「負面的家人與朋友」

有一天一位先生走過海灘,看到一個漁夫以及水桶裡的螃蟹,但是水桶沒有加蓋子,他覺得很奇怪,就問:「不好意思,水桶沒有蓋子,你不怕你的螃蟹爬出來跑掉嗎?」

漁夫說:「不,不用擔心,水桶裡有很多螃蟹,不用怕牠們會跑出來」

「我不懂,什麼意思?」

「如果水桶裡只有一隻螃蟹,那牠有可能會很輕鬆地爬出來,但現在水桶有一堆螃蟹,每一隻螃蟹都想著要爬出去,這樣一來,只要有一隻爬到上面,其他螃蟹就會把牠拉下去。」

同樣的事情也發生在我們的家人朋友以及最親近的人身上。當我們即將要有所成就,或是要做一些與眾不同的事情時,身邊總是少不了會扯我們後腿的人。或許這聽起來很奇怪,家人朋友、身邊的人不應該都是愛你的嗎,為什麼會想要這樣做?還記得我前面講過的自我意象吧,要記得,你的家人朋友也都是有自我意象的。

對某些人來說,身邊家人朋友的成功跟人生進展,他們不見得會一同感到興奮開心,反而會讓他們的自我意象感受到威脅,或許是這些成功的消息勾起了他們過往失敗的經驗,讓他們想起曾經放棄的那些東西。有人可能會說:「我覺得不會耶,如果我的家人朋友會被我的成功威脅到,那成功的人這麼多,他們不就

一天到晚都在被威脅？」

會有這種想法相當正常，但其中有個地方太不一樣。看著成功的陌生人是一回事，看著自己認識的人成功（尤其是一起長大的人），又是另外一回事。他們看到一個陌生人晉升人生勝利組，可能會覺得「好好喔，他們大概是運氣比較好吧。」但如果換成是你，那麼你的成功就像是在對他們說：「哈囉，我跟你的起跑點是一樣的喔，但我現在已經達成一些成就了。」這樣一來，他們就再也找不到藉口，沒有藉口之後只好開始批評、批判甚至嘲笑你。

他們扯你後腿的形式或許不會太明顯，但你可能會聽到類似的語句：

- 你以前人很好又很有禮貌……現在是？
- 我為你犧牲了這麼多；
- 你為什麼要這樣對我？
- 為什麼你就是想要這樣特立獨行？
- 你為什麼就不能像他們一樣就好？
- 你就不能先求有再求好嗎？先找個安穩的工作再去思考你的冒險。
- 你這樣是讓整個家都陪著你跳進去一起冒險你知道嗎？
- 你變了，這樣一點都不像原本的你。

你曾經聽過這些話嗎？

你可以想像在這種充滿批判的環境中，要怎麼樣努力奮發嗎？那種寸步難行的感覺，就像是背著一百公斤重的背包爬山一樣。有句俗語說道：「讓我看看你的朋友，我就可以說出你的未來長什麼樣子。」我們不可避免地會被周遭的人影響，但想要改變你的人生，卻不打算改變參與你人生的人，是一件非常有挑戰性的事。

你想想看，如果你身邊最親近、最常接觸的朋友們都有抽菸，要你不抽菸是不是有點困難？就算你不抽菸，也是每天泡在二手菸裡，更慘。換個方式想，如果你每天都把時間花在跟一些深具啟發性的人相處呢？例如馬雲、伊隆．馬斯克或者華倫．巴菲特，你會產生什麼變化？你覺得你的人生有沒有可能就這樣向上發展呢？

很多人來參加我的高單價銷售技巧認證線上課程時，他們認為自己是來上一套課程、學一套技術。但他們不知道自己其實是加入了一個，由一群觀念想法都相近的人所組成的全球互助社群。加入課程的幾個小時內，新學員就收到了超過一百多筆的歡迎訊息，很多人會很驚訝我們的社群居然如此充滿正向能量。課程結束後，你不只是學到了一個新技能，還得到一群會在你的奮鬥之路上支持著你的朋友，這對於一直以來周遭的人都只會說「你做不到啦」的人來說，簡直就是一股清新微風迎面吹來。當

你的辛苦路程上,有人為你加油、鼓勵,你知道這會對你產生多大的幫助嗎?這就是改變社交圈的力量,當你身邊充斥著正向思考的時候,你也一定會跟著正向思考,你會學著如何選擇朋友,選擇對你的人生有加分效果的人,而不是讓你人生扣分的人。

斷開鎖鏈:
你會跟那些你最常混在一起的人越來越像,最後變得完全一樣。

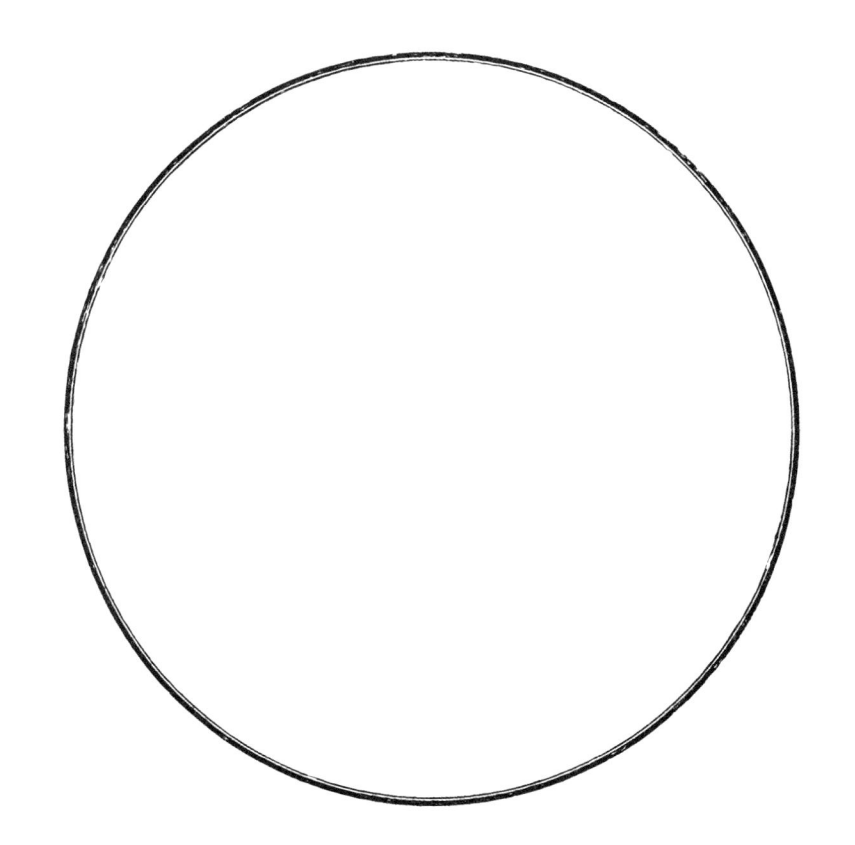

隱形鎖鏈#4「現在的舒適圈」

我們來試試看一個很有效果的練習，這個練習讓我的很多學生改變了看待成功以及舒適的觀點。這個練習會需要你現在去拿枝筆來，我是認真的——這很重要，拿枝筆來。

前一頁有個圓圈，把你目前擁有的所有東西都寫進去，例如你的車子、房子、家人、朋友、工作、收入、配偶、習慣等等。花個一到兩分鐘把這些東西寫進圈圈裡。（如果你不寫下來，效果就沒有那麼好）然後在圈圈的外面，寫下你想要但是還沒擁有的事物，例如你接下來想要換的新房、新車、你一直想要的夢幻假期、自由、更好的收入，不管什麼，想到什麼都寫下來，不要侷限自己，這裡一樣請花個一到兩分鐘來寫。

現在你完成了上述兩件事，圈圈裡面是你現在擁有的，圈圈外面則是你想要但還沒擁有的，那麼重點是什麼？圈圈內表示的是你現在的舒適圈。我們是習慣的動物，我們會想要重複做我們熟悉的事情，如果你想想看我們每天做的事，就知道重複性有多高，每天都吃差不多一樣的食物，去差不多一樣的地方，跟一樣的人見面，從事一樣的工作。人的本性就是不喜歡改變，而我們傾向於喜歡熟悉的事物，代表著我們正處於其中的這個舒適圈。

大多數的人窮極一生都活在舒適圈中，這就是為什麼多年之後他們的人生狀態看起來還是沒什麼改變。那麼，有趣的來了，再回去看一下你剛剛的圈圈，再看一下圈內（現在已經有的）跟

圈外（現在想要的），如果你想要一個東西，而你又有能力可以獲得它，那你不是應該早就得到了嗎？你得不到你想要的東西，有一個最主要的原因，是因為它在你的舒適圈之外，而大多數的人都不願意踏出自己的舒適圈之外，即使舒適圈外滿滿都是你想要的東西，像是你一直想要的高收入，一直想要體會的那些感受，快樂、滿足等等，還有各式各樣你想要擁有的一切。

舒適圈外將是奇蹟發生的地方

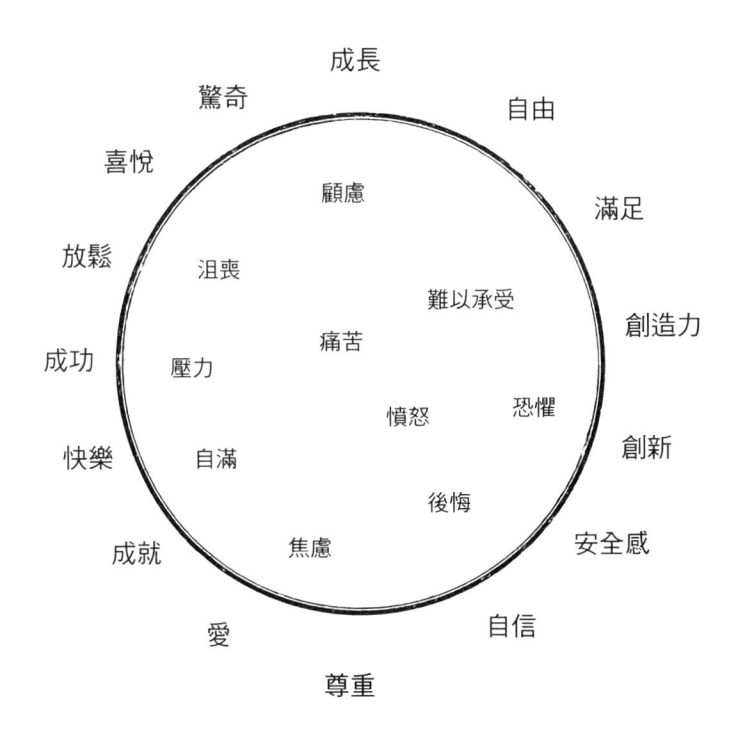

圈外：成長、驚奇、自由、喜悅、滿足、放鬆、創造力、成功、創新、快樂、安全感、成就、自信、愛、尊重

圈內：顧慮、沮喪、難以承受、痛苦、壓力、憤怒、恐懼、自滿、後悔、焦慮

我曾經去惠斯勒（Whistler，溫哥華北邊山脈中的一個小鎮）玩過一次高空彈跳，但你要知道，我這個人是很怕高的，所以當我爬到頂端然後向下看，毫不意外地，我的心臟根本就要從我的嘴巴跳出來了。工作人員幫我穿上安全索並且問我：「準備好要跳了嗎？」

　　「呃……大概吧。」

　　「好喔，我們等一下會數到三，然後你就往下跳，好嗎？」

　　「喔……好。」

　　「一……」我覺得我的心跳越來越快

　　「二……」我的腿整個僵掉

　　「三！」我整個人傻在那邊，嚇到動不了

　　「你還好嗎？怎麼不跳？」

　　「恩……我沒事，我等一下再試一次，這次讓我自己數可以嗎？」

　　「好啊，都可以。」

　　我深呼吸幾次之後，想替自己提振一下士氣：「來吧，你做得到的，你可以的，你是駱鋒，這點高度可以的。」

　　我再次走上跳台邊緣，接著閉起眼睛。

　　「一……、二……、三！」

　　然後我打開眼睛，還是沒有跳，我真的太害怕了。同時我後面還有一堆人在排隊，壓力開始越來越大。「是在等什麼？跳不

了的話就下來讓我們先吧！」

這時工作人員走過來跟我說：「這樣吧，你走到邊緣慢慢往外傾，我會一直抓住你的繩子，然後我們一起數到三我就放手，這樣你就不用自己跳出去，可以嗎？」

「好，這樣好像可以，試試看。」於是我再次走到跳台邊，這次我背對著外面，慢慢往外傾斜，工作人員拉住我的繩子。

「一……」恐懼感又再次衝上來。

「二……」我想拉住工作人員，但就在我手伸出去的時候……他放手了。

「啊啊啊啊啊啊啊啊！啊啊啊啊啊啊啊啊！」我一路尖叫，叫個不停。

「啊啊啊啊啊！」我已經到了最底部，都彈起來了，我還是繼續尖叫。

「啊啊啊……」最後我叫到沒氣沒力，吊在最底部。

儘管恐怖到不行，但就在我跳出去的那一刻，奇妙的事情發生了。如果你有玩過高空彈跳，一定知道我在說什麼，我感覺到的是無比的興奮刺激，我感覺到全身流竄著能量，整個人活跳跳。他們把我拉上去的時候，我居然說：「超讚的！我還要再玩一次！」

這次的經驗讓我學到，熬過了恐懼，迎來的會是快樂的感受。愉快的情緒會在你的舒適圈外跟你其他夢想中的事物一起等

著你。大多數人待在舒適圈內,卻只能感受到後悔、恐懼跟難受,艱難地走出去之後,作為報酬,你將會獲得滿足、喜悅跟自信。

舒適圈就是你的所得圈

你的舒適圈不只限制了你的情緒——還有你的收入。如果你現在賺的收入跟你真正想要的數字有落差,最大的可能,是你不願意去做讓你覺得不舒服的事情。

接下來你會看到完整的舒服與不舒服對比表,你能看出為什麼強迫自己從事不舒服的行為可以讓你獲得高報酬嗎?

舒服	不舒服
讓你的老闆決定你的薪資	自己決定自己的價值
把問題怪罪在他人身上	為自己的人生扛起責任
指出問題	提供解決方案
批評別人	自我提升
被別人領導	領導別人
否定各種想法	把想法轉化成實際作為
融入群體,然後跟大家一樣	站出來做不一樣的事
犧牲長期目標,只為了短期舒適	犧牲短期舒適,來達到長期目標
做簡單的事情	做正確的事
想辦法逃離恐懼	朝著恐懼前進

害怕失敗 V.S. 害怕成功

你可能會覺得很多人沒有實際行動，是因為他們害怕失敗、怕被批判，或是怕在眾人面前丟臉。但我發現真實情況是違反我們直覺的──害怕失敗並不是不行動的主因。

如同H.P.洛夫克拉夫特（H. P. Lovecraft）在其作品《文學中的超自然恐怖》（*Supernatural Horror in Literature*）中寫道：「最古老最強大的情緒就是恐懼，而恐懼之中最古老最強大的一種，就是對於未知的恐懼。」

多數人不付諸行動的主因，如同剛剛所說的，並不是害怕失敗，而是由於成功對他們來說就像外星一樣陌生，是個完全未知的領域，所以他們害怕成功，對此感到不舒服，寧願屈居於舒適圈，也不願意走出去獲得快樂。他們會說：「我知道我這樣不快樂，也知道我想要達到什麼目標，但我現在這樣很舒服──至少我可以預見自己會得到什麼，成功對我來說很可怕，我不知道成功之後會發生什麼事。」

當你內心裡害怕成功時，可能有很多種外顯的表徵，有人選擇當個泛泛之輩，有人則是刻意引來失敗。後者確實比較難懂，因為他表面上是盡一切所能在努力，實際上卻是潛意識刻意不讓自己向上提升。下面就是一則範例。

我看過非常多人都搭上我所謂的「收入雲霄飛車」，賺了錢，又賠得精光，接著又再賺錢，然後又再賠光，但你完全摸不

著頭緒,不知為何總是失去所有你可能創造的成功機會。身處的情境可能是碰到很爛的合夥人、錯誤的決策,或是單純運氣不好。如果我問你「怎麼回事?」你大概也只會說「我也不知道,就這樣了。」

他們不了解的是,這些起起落落,其實是一種自我破壞。害怕成功的情緒就是你心理上的「手煞車」,如果一直不放開手煞車,不管你再用力衝,前進的動力跟速度一定上不去。所以要是你想對成功感到舒適,就要先學會擁抱不舒服、踏出舒適圈。

> **斷開鎖鏈:**
> **學會擁抱不舒服、踏出舒適圈。**

隱形鎖鏈#5「低EQ」

我住在溫哥華,冬天的時候滿常下雨的,所以常常聽到居民抱怨下雨這件事。他們會說:「整天都陰雨綿綿的」、「我討厭這樣溼答答的天氣」或者是「太濕冷了啦」。

但我跟太太在雨天開車出門的時候,你知道她會說什麼嗎?她會說:「我覺得下雨天很浪漫」。事物本身不具意義,意義都是人賦予的,不管是喜悅、挫折、難受、幸福、焦慮、安寧或者其他情緒感受,都是人類大腦所創造的,你賦予了事物意義,情緒感受便隨之而來。

就如同,我太太對於雨的感受跟其他人就明顯不同,雨還是一樣的雨,只是不同的人,會給予它不同的感受跟意義。

Lok-It-In

你不是感受到情緒,而是創造情緒。

當你的人生閱歷越來越多,你就越能理解生命中有很多事情不是你可以直接掌控的,例如天氣、交通、經濟、市場狀況、別人怎麼看你、車禍、健康狀況、油價,還有好多好多。

大多數人都把自己的快樂跟其他情緒奠基於外部事件──也就是那些你無法掌握的事情。所以好事發生,你就會感到開心;壞事發生,你就會覺得難過。

你看出問題在哪裡了嗎?問題就是你沒辦法掌握自己的情緒!沒辦法掌握情緒,你就沒辦法掌握自己的心態。仔細觀察那些生活過得艱困的人,你會發現他們很常被一些小事影響情緒:

- 媽的,火車又誤點了。
- 天啊,你看看這個油價,又~漲了。

- 你一定猜不到她今天在公司跟我說了什麼！
- Netflix 上面什麼都沒有，沒一部可以看的！
- 網路怎麼可以他媽的那麼慢。
- 煩耶，又在下雨了。

相對的，如果你觀察那些上層的成功人士，你就能發現他們不管在什麼情況下都會保持冷靜、會控制自己的情緒。

> 主不可以怒而興師，將不可以慍而攻戰。
> ——孫子，《孫子兵法》

一般而言，社會氛圍會認為你要有高 IQ（智商）才能成功，大家都跟你說要很會念書，考試要拿高分，要有高學歷，你才會成功，事實上是：這些都不重要也不是必要的。

你真正需要的是高 EQ（情緒商數，或稱情緒智力），也就是不管發生什麼事情，都能控制情緒的能力。擁有高 EQ，你就能很快從錯誤中爬起來，在壓力下做出正確決策，以及成為一個更好的領導者。要說到成功的必要條件，EQ 遠比 IQ 重要多了。

而且跟 IQ 比起來，EQ 更好的是，不管任何人都可以有高 EQ，但你必須要有更高的自覺能力。EQ 需要你有自我察覺的能力，需要你有更多的同理心，並且知道怎麼樣管理自己的情緒，

好處是這些東西都是你自己可以完全掌控的。如果擁有高EQ，你將會有更高的機會可以達成你設定的目標，因為你將不會再被批評、否決以及過去失敗的經驗所影響。

斷開鎖鏈：
EQ遠比IQ重要。

隱形鎖鏈#6「想當拯救世界的英雄」

在一次翻船意外中，如果直升機上空間不夠救援所有人，這麼多遇難者，哪個人應該第一時間被搜救直升機救走？根據救難訓練準則，朝著直升機游得最快，第一個游過去的人會最先獲救。

因為他們知道，如果選擇先去救那些在水中載浮載沉、胡亂擺動手腳的人，或是那些不是朝著你游過來，而是游往別的方向的人，你等於是多浪費了自己的力氣，也把更多人的性命置於風險之中。當你在努力想要成功出人頭地的時候也是一樣——不要想當救所有人的英雄，你救不了那些根本不想接受幫助的人。

你有沒有曾經為別人做過些事情，但他們完全沒有意識到這是你的善意跟付出？又有多少次你的幫忙，在別人眼中看來卻是一文不值？我自己就發生過好幾次。當我事業剛剛有所成功時，我的朋友開始希望我可以幫些忙，所以會約我出去吃飯，順便請

我給些建議。

當我給完建議之後,他們就會告訴我:「你的建議聽起來很不錯,不過我想我還是會試試別的方式。」接著他們就會照著自己的想法去做,失敗之後又回過頭來找我尋求建議。有時候你或許會覺得,因為你比他們擁有更多東西,必須幫他們一把,但事實上並非如此。你只需要幫助那些你真心想要拉他們一把的人——你並沒有欠任何人任何東西。

想像一下你在一架飛機上,然後飛機突然失火了,警鈴大作,整架飛機都在晃動,不知道從哪裡開始冒出濃煙。這時空服員拿起擴音器大叫:「先戴上自己的氧氣罩,再去幫助別人!」這個情境告訴我們,先確保自己的供氧無虞,再想辦法幫旁邊的人,不然你的一切作為都只會變成幫倒忙。如果你犧牲自己的需求去滿足別人的需求,表面上看起來確實很高尚,但實際上並非如此,你不能放棄你沒有的東西。所以你應該要先自助,照顧好自己的人生、收入、自己的個人目標,然後努力讓自己成長。然後才是你幫助別人的時候,因為現在的你所擁有的,早已超過你所需要的。

斷開鎖鏈:
先幫助自己,再去拯救世界。

隱形鎖鏈#7「依靠你的意志力」

你有沒有看過社群媒體上那種心靈雞湯式的激勵影片？我想你知道我在說什麼，就是一直告訴你只要意志力夠強大就會成功的那種？他們的理論是，只要你不斷激勵跟督促自己，再付出大量努力，就可以獲得成功。但我不這麼認為。

你是否曾經早上起床時覺得充滿活力跟幹勁，想要好好把這一天過得充實？大概有。那你是否曾經早上起床後覺得完全不想起來，只想繼續賴在床上？我非常確定我們都有過這種早晨。不管你是個多有紀律的人，意志跟幹勁總是來來去去，不見得會一直都在。

有人問我：「你怎麼有辦法每天都在社群網站上發布這些充滿影響力的內容？你一邊經營國際企業機構，怎麼還有辦法這麼多產？你怎麼有辦法同時管理手頭上這麼多事情？」答案很簡單，我不是傻傻的依靠意志力來做事，我依靠架構。你的時間跟空間都需要好好的架構，才能順利朝著你的目標前進。

要如何在工作即人生的命題下，架構你的時間

當你看到很多人在架構自己時間的時候，你會發現他們是為了達到工作跟人生的平衡。但問題是，如果你是個高工作績效的人，這對你就不適用了，如果你想要有更高水準的工作效能，那

麼你應該思考的是「工作即人生」，如此一來，你人生中各個不同的區塊就可以完美結合，這麼一來你就不需要考慮意志與幹勁的問題，也可以直達你的目標。

舉個例子，每次出差，我也會把它當成是一次玩樂性質的旅遊。每到一個新的城市，我會有幾天是處理商業關係等等事務，然後我會再安排個幾天好好享受一下走在這個城市的感覺。一次旅行完成兩種目標。

再舉個例，當我需要參與大型專案時，要找出時間空檔來讓我練習我喜歡的武術其實不太容易，所以與其靠意志力來擠出時間，我會把我喜愛的事情更深入地結合進我的人生。我的幾個團隊成員也有興趣想要學武術，所以我會邀請他們到我家來一起練習，如此一來即使當天我不一定那麼想練，我的團隊成員還是有可能到我家來上課練習，我也就一定要陪練。

要如何為了自己的成功架構空間

如果你現在走進我的辦公室，你會看到一大堆「財富扳機」——也就是許多提醒我注意思考方式的物件。例如我的桌上，你會看到一個時鐘，它告訴我要注意時間的寶貴；一本孫子兵法，告訴我要策略思考；一個小型的馬雕像，提醒我要保持活力；一張我爸媽的照片，提醒著我家庭的重要。

即使是我還住在素里（算是大溫哥華區的不良分子聚集地

吧）時,都還是會想盡辦法讓我的環境可以對我有幫助,因為我深深了解環境對一個人的重要性。偶爾我會去市中心,在泛太平洋溫哥華酒店待一天,那是溫哥華地區的頂級奢華酒店,那一天,那間高級酒店就是我的財富扳機。

你能想到你有什麼財富扳機可以擺在你的周遭,來提醒你要努力達到你目標的價值嗎?改變環境對我來說非常有用,對我的心靈導師、我的學生們也都很有用處,你也試試看——看看感覺如何。

一般人往往依賴意志做事,這就是為什麼他們只會看到不連貫的成果。如果你可以好好規劃架構你的時間跟空間,你會發現心中的目標出現了一股引力,讓你順順的前進,根本不需要你堅持意志。

斷開鎖鏈:
想要成果,靠的是架構,不是只靠意志力。

到底有多少條隱形鎖鏈拴住你?

你身上有隱形鎖鏈嗎?如果有也不用擔心,既然你已經知道它的存在,那它也就不再是隱形的了。找出這些看不見的鎖鏈是比賽的上半場,你已經打完了,現在開始採取行動吧,當你砍斷這些鎖鏈、放開手煞車,就是你全力狂飆的時候了。

第六章

解鎖你的生產力

適用於：籠中的獅子、被束縛的魔法師、奔忙的寶物獵人、無辜的囚犯、荒島倖存者

想像一下你有一個銀行帳戶，每天都會進帳86400元，每天喔，而且你可以隨心所欲花用，但有一個條件──帳戶餘額沒辦法累積到隔天，今天花不完、投資不完的錢，都沒辦法留到明天繼續用。OK，條件說完，你覺得你會怎麼做？你會想說，那我就把每一塊錢都用完，對吧？

其實你跟我都有同一個這種帳戶，叫做時間。每天我們都有八萬六千四百秒存進這個時間帳戶供你使用。你可以自由運用自己的時間，但你用不完的時間，隔天就會永遠消失。你聽過「時間就是金錢」這句話嗎？我要告訴你這句話是錯的，時間永遠都

不會是金錢，時間比金錢寶貴多了，因為時間一去就真的不復返了，錢沒了可以再賺，但你永遠沒辦法再把時間賺回來。

如果想試著極大化你的產出跟成果，有一件事你必須了解：時間是你最有價值的商品。一年三百六十五天、一周七天、一天八萬六千四百秒，每個人都一樣，你我都一樣，傑夫·貝佐斯（Jeff Bezos）、比爾·蓋茲、伊隆·馬斯克跟華倫·巴菲特也都一樣，但這些名人巨富跟我們不一樣的地方在於，我們使用時間的方式跟他們不同。

這些極具影響力的巨頭們，已經掌握了生產力極大化這門藝術，在這一章，你也即將學到同樣的技巧。但在討論生產力之前，我們先來討論它的定義。

我想可以用簡單一句話來描述這個定義，生產力就是「最短時間內達到最大成果」，就這樣，時間極短、成果極大。

為什麼我會認為沒有時間管理這回事

當你用這樣的定義來看待生產力，你就會發現，多數對於生產力的傳統論述都是不準確的，他們都會告訴你要做「時間管理」，但你仔細想想，你真的可以管理時間嗎？你可以讓時間走快一點或慢一點嗎？還是讓時間往回倒退一點？你可以把今天用不到的幾個小時存起來明天再用嗎？除非你是個像東尼·史塔克一樣（對，就是鋼鐵人）的超狂天才，不然的話，這個答案都是

否定的。

在我們每天都有著相同的時間條件下，生產力的秘訣就不是時間管理——而是自我管理。你無法管理時間，但你可以管理自己，重點不在於讓你每天多出幾個小時可以用，而是在你擁有的有限時間內，可以得到更多的成果。

好幾年下來，我已經讀了上百本關於古今偉人及成功人士的書籍，我實驗測試了上百種不同的生產力方法、時間管理方法以及高績效表現方法，全部都是為了回答一個核心問題：我如何在最少的時間內達到最多成果？

關於解鎖最大生產力的關隘，有的你可能知道，有的你可能還不知道，我在這裡列出我認為對我來講最受用的五個重點。

生產力最大化的五個重要關鍵

關鍵#1 要緊緊盯住你的成果表現

你會常使用生產力APP，像是日曆、筆記類APP、備忘錄或者專案管理這類程式嗎？這些東西或許會讓你做事更有效率，但真的會讓你更有生產力嗎？

很多人來找我時會跟我說：「我很努力在事業上打拚，但不

知道為什麼總是看不到成果，我是不是哪個地方做錯了？」這時我會反問他，他每天有哪些日常工作？他們就會把自己每天的工作清單拿出來一項一項說給我聽：

「你看，我每天都做這麼多事情耶，但我真的不懂為什麼就是看不到有什麼成果。」

「好，你先告訴我你想要的是什麼樣的成果？」

「我……想要變得比現在更成功。」

「好，那變得更成功這件事，實際上來說對你是什麼意思？」

「喔……意思就是我想要再多增加收入、想要更多客戶，大概是這樣。」

「好，那精確來說是增加多少收入，增加多少客戶？」

「欸……這個……大概是……」

我會在這邊打斷他，因為他真正的問題在於他的不確定，跟對潛在成果看的不夠透徹。為了能夠更透徹地預見未來潛在成果，我會提出一個問題：「這麼多事項之中，有哪幾項能夠真正把你推向你想要的成果？」

這時他們會再回去檢視他們的工作清單，然後猛然發現他們每天的日常工作，沒有幾項真正可以幫助他們達到成果。很多人都只在意要動起來！要完成越多事情越好！讓自己保持忙碌！以至於忘記思考：「我現在走的路線真的是我要的嗎？」還記得我們剛剛說的，生產力的定義，就是在最短時間內達到最大的成果

嗎?注意這句話對於成果產出的重視。如果你連你自己想要的成果是什麼都不清楚的話,又怎麼評估你的成果呢?這就像是你在打籃球,但是沒有籃框——隨你投,愛怎麼投就怎麼投,但你永遠也沒辦法得分。

忙碌其實是另一種形式的懶惰。

——駱鋒

一個月賺10000美元是什麼樣子?

想像一下你的目標是一個月賺10000元,我們要怎麼做來緊盯我們的成果?當你的目標太過巨大遙遠的時候,就會變得不太容易去決定該採取什麼行動。所以把目標拆分成數個較小的階段,一步一步地去做比較合適。例如:我們來拆分一個月賺10000元的目標,先看看每周應該要賺多少才能達到。

10000元／四週＝每週2500元

如果你每週工作五天……

2500元／五個工作天＝每天500元

上述公式告訴我們，如果想要一個月賺進10000元，你每天都需要賺到500元才行。這樣你可以感受到，對自己的目標有更透徹的了解嗎？如果你達不到每日目標，那麼你也不會達到月目標。與其等到月底才發現「喔，原來我走錯路了。」這樣分析，你每天都可以自我評估，自己是不是正在朝著目標前進。這就是緊盯目標的意義。

心中有了每日500元的目標後，你可以問自己這些問題：
- 我有每天賺進500元的態度嗎？
- 我要怎麼提高我創造的價值？
- 我現在正在做的事情之中，有哪些是我不應該做的？
- 我的時間運用在什麼工作事項的時候最有效率？
- 這個事項可以為我帶來多少成果報酬？

當你問過自己，也思考過這些問題後，你就離你的日目標又更近一步了，接著是週目標，最後達成你的月目標。

一年賺100萬美元是什麼樣子？

假設我們想要把目標放遠一點，就設定在一年賺100萬好了。這又是什麼模樣？跟剛剛一樣，我們把它拆分一下，先來看看月目標：

100萬元／十二個月＝每個月83333.33元

算完我們就知道,你的月目標要賺到這麼多。這其實是筆大錢,可能比很多人的年薪還要高,接著我們再繼續拆成週目標來看看:

83333.33元／四週＝每週20833.33元

再繼續拆到日目標:

20833.33元／五個工作天＝每天4166.67元

所以我們可以知道,想要一年賺進100萬元,你每天必須賺進4166.67元,假設我們再看更細,每天工作八小時的話,你每個小時的報酬必須要有這樣的水準:

4166.67元／八小時＝每小時520.83元

可是,其實我們都知道,我們不可能這麼厲害,每個小時都有這種成績,也許每天的工時裡面有三分之一可以這樣高效能運轉,但其實剩下的時間都是在休息、看Email、跟同事或客戶溝

通以及處理其他雜務。

為了讓你了解，一天工時之中真正高效運作的這段時間，對你來說實際價值是多少，我們要再將它乘上一個權數：

$$520.83元 \times 3 = 1562.49元$$

這樣算完，你就可以知道每天有多少事項對你來說，是不值得你花時間去做的，例如除草、洗碗、文書處理、回覆 Email 或者更多諸如此類的「最低工資」水準的事情。如果你不是請專業技師來除草，而是花兩個小時自己弄，你以為你省錢了，但是其實沒有，因為你流失的兩個小時，其價值是 3000 元。所以如果你想要一年賺進 100 萬元，就必須時時刻刻問自己：「我現在做的這件事情，有超過一個小時 1500 元的價值嗎？」

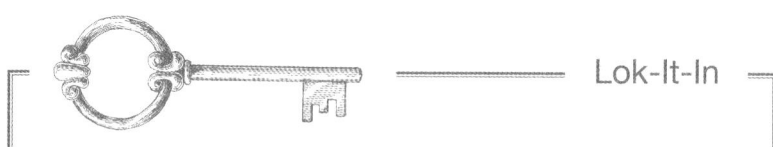

Lok-It-In

要避免做那些「最低工資」水準的事情。

多數人想要達成自己設定的目標，會覺得應該要更努力工

作、要拉長工作時間,他們可能會再去找個副業、多上一個夜班之類的。但工時增加並非解答,價值增加才是正解,因為每天的時間沒辦法再多增加一秒,不過價值卻有可能可以增加一倍。

當我開始創業的時候,我每個案子只能收費500元,算上所有投入的工時,實際收入比拿最低薪資還慘。每天我都在想:「我要怎麼增加我能提供的價值?我要怎麼樣才能提高收費?我要怎麼樣才能達到我的每日目標?」也還好我有思考這些問題,才得以一路提高我的收費,直到後來,我每小時的收費標準已經高過某些人的月薪。當時你可能需要每小時付我10000元才能請我作為你的諮詢顧問。(我現在已經停止這樣的一對一諮詢服務。為什麼?因為我在這一小時內,針對我的企業所做的思考及策略制定,已經可以為這個世界帶來遠超過我對其他單一企業做諮詢所能創造的價值。)

> 只是在水裡揮舞手腳、濺起水花,不代表你就是在游泳。

我又是怎麼樣才能成長到這個高收費的階段呢?因為我每天時時刻刻都緊緊盯住我的成果產出,不讓自己瞎忙。這是第一個重要關鍵,要記住一句話,只是在水裡揮舞手腳、濺起水花,不代表你就是在游泳。

練習：你的魔術數字是多少？

你的魔術數字是多少？

要達成你的最終目標，每天都必須賺到一定的金額，這個金額就是你的魔術數字，清楚知道這個數字之後，你就可以知道自己是不是在做正確的事，對於這點掌控的越精確，你就擁有越多的力量。

- 你一年想要賺多少錢？　　　　　　　＿＿＿＿＿＿
- 把這個數字除以12，得到你的月目標　＿＿＿＿＿＿
- 把月目標再除以4，得到你的週目標　　＿＿＿＿＿＿
- 把週目標再除以5，得到你的日目標　　＿＿＿＿＿＿
- 把日目標再除以8，得到你的每小時目標　＿＿＿＿＿
- 最後把每小時目標乘以3，就得到你的
  生產力魔術數字　　　　　　　　　　＿＿＿＿＿＿

你的魔術數字是多少

＿＿＿＿＿＿＿＿＿＿＿＿＿＿＿

關鍵#2 要像雷射般無比的集中專注

你有沒有覺得現代人要保持專注越來越困難了？這個世界越來越多雜音，每天，手機就是一直有通知提醒跳出來，打開電腦就是一直有Email進來，新的電影又要上映，新的節目又要開播，新產品又要開始發表開賣。

你上一次很專心很專注地做一件事情、至少超過兩個小時都沒有去看你的手機跟Email信箱，你還記得是什麼時候嗎？如果你跟一般人差不多的話，那你大概不太容易長時間在單一事項上保持專注。對我而言，雖然我在社群媒體上有很多關注者，但其實好笑的是，我本人其實不太花時間在社群媒體上。當我工作的時候，這段時間就是完全單純的用在工作，不用手機、關掉所有通知，也不看信箱有沒有信進來。重點不只是你有多少時間可以運用在重要的工作上——更是在於讓你保持專注。

> 分心是普羅大眾的奢侈行為，想要成功的基本條件，就是需要你像雷射般集中專注。
>
> ——駱鋒

狙擊槍法則 V.S. 散彈槍法則：如何做得更少而獲得更多

有人覺得忙碌是一種榮譽勳章，表示你的努力不懈，但事實上我認為這非常荒唐。總是有人一直要看手機確認有沒有什

麼重要訊息、要回 Email，或者總是動不動就要走出去講「重要電話」。這些人實行的是「散彈槍法則」，一次做一堆事，再看哪一個會有效果，就像你用散彈槍隨意打出一槍，再來祈禱看看會不會中靶。他們經營的人生是分散、沒有組織的，整天匆匆忙忙、渾渾噩噩。

　　我個人推崇狙擊槍法則。當你聽到狙擊手這個名詞，你會想到什麼形容詞？冷靜、沉著、自制。情蒐偵察找到自己的優勢位置，鎖定目標，然後扣下扳機──一擊斃命。狙擊手認同的是「少即是多」，他們相信精準度比力量重要、追求專注及謙遜，他們也知道不是做每一件事都可以為自己帶來成果，有很多事情是徒勞無功甚至適得其反的。

八十／二十法則

　　這個法則告訴我們，80%的成果其實是來自20%的付出。更精準地說，**多數成果其實是來自於付出中的少數。**

- 一間公司大部分的銷售，往往來自於其眾多產品中的一小部分。*

---

* 節自理查・柯克（Richard Koch）的著作，《80/20法則：商場獲利與生活如意的成功法則》（*The 80/20 Principle: The Secret to Achieving More with Less*）。

- 少數球隊主宰整個聯盟比賽。例如湖人隊（Lakers）及塞爾提克隊（Celtics）就囊括了幾乎一半的NBA總冠軍（七十座總冠軍金杯，這兩隊就拿了三十七座）；歷年總冠軍，有69%集中於三十支球隊中的其中五支。[*]
- 根據柏克萊大學加布里爾・祖克曼博士（Dr. Gabriel Zucman）的資料，美國前0.1%的人的身家，超過底層80%人口所擁有的財富。[†]

還不只這樣——在你的人生中，20%的行為，會決定你80%的快樂、收入及成功。

那這一切跟你有什麼關係？當你可以精準找出這20%，就可以拋開剩下的80%，也就是說，與其列出一份必做事項清單，不如列出一份「不必做清單」，然後更加的專注。

---

[*] 資料來源：NBA統計資料庫（NBA Advanced Stats，https://www.nba.com/stats/）。
[†] 資料來源：世界不平等資料庫（World Inequality Database）。

八十／二十法則練習

透過這個簡單練習，你可以知道八十／二十法則如何影響你的人生。先回想一下從上週到現在，你所做的所有事情，然後回答以下問題：

1. **哪些事情讓我覺得壓力很大？**──列出讓你覺得感到壓力的事項。

2. **哪些事情執行成功？**──列出那些成果最豐碩的事項。

3. **加入不必做清單**──哪些事項是你可以請別人做或者根本不用做的？

4. **加入必做事項清單**──哪些成功事項是你認為下周可以再重複做的？

〈20%事項─80%壓力〉　　〈20%事項─80%成果〉

哪些事情讓我覺得壓力很大？

-
-
-
-

加入不必做清單

-
-

哪些事情執行成功？

-
-
-
-

加入必做事項清單

-
-

少即是多，多即是少

想要多產，並不代表就一定要增加工作量，不是在每天的行程中塞進越多項目就是越好——必須要找到你應該要專注的事項，拿掉不必要的雜務，集中投入在少數幾個能讓產出最大化的關鍵因子才是正途。

關鍵#3 要像億萬富翁般組織你的時間

你有沒有思考過，像比爾・蓋茲這樣的億萬富翁，是怎麼樣組織自己的時間呢？他們擁有的時間跟我們完全一樣，但基於某些原因，他們就是能夠比我們完成更多事情，為什麼？

其中一個原因是帕金森定律，此定律的概念是：「在表定的工作完成時限內，工作量會一直增加膨脹，直到你所有可用時間都被填滿為止。」這又是什麼意思？

你有過這種經驗嗎？工作截止期限還有一個月，這時你完全沒有在注意你的進度，直到最後截止日越來越近，你才突飛猛進地趕進度？這就是帕金森定律的真實演譯：你的工作會慢慢佔滿你所有表定的完工時間。

比爾・蓋茲安排他的預約是以六分鐘為一個單位，我則是十五分鐘。我把我每一天要做的事情都組織成不同的時間區塊，這樣的時間掌控，讓我可以更自由地去做任何我想做的事情。

> Lok-It-In
>
> **拖延就等於貧窮。**

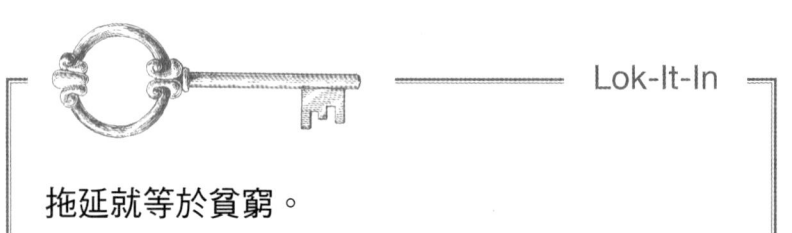

主動編排你的每一天；不要被動安排

如果你希望每一天都可以有漂亮的產出，那就主動編排每一天——不要被動安排你的每日行程。被動安排是你配合別人，而主動編排是你有意識地把時間區分給不同的目標跟產出專用。

當你清楚知道自己要的成果是什麼，也知道你必須有什麼行動才能達成目標，接下來呢？你必須設定一個時間來完成它！也許你早就瞭解到這點，**任何事情只要不設定截止時間，就沒有完成的一天。**

你知道有個簡短的詞彙，可以扼殺所有夢想嗎？就是「**總有一天**」

「總有一天，我一定會環遊世界。」

「總有一天，我一定會帶我老婆小孩去迪士尼樂園。」

「總有一天，我一定會還清所有債務。」

「總有一天，我一定會辭職。」

「總有一天，我一定會寫一本我自己的書。」

最糟糕的詞就是「總有一天」。

永遠都是「總有一天」，但你看看日曆，星期一、星期二、星期三、星期四、星期五、星期六、星期日，總有一天在哪？沒有，你找不到，這只是個讓拖延症發作的人好過一點的幻想。如果有一個人經營一間公司，他說：「總有一天我會搶到很多客戶，總有一天我會敲定一筆筆的交易，然後我的生意就可以越做越大。」你覺得這種人可以賺到多少錢？答案是零。

失敗的人說**「總有一天」**──成功的人說**「今天」**

「今天，我就要有所行動。」

「今天，我就要搞定這單交易。」

「今天，我就要拉到更多客戶。」

「今天，我就要把這件事搞定。」

當你總是跟自己說「總有一天」，你是在把自己的夢想跟目標無限期的往後延。你總是覺得等到你準備好的那天，你就會大展身手，但事實上當你這樣思考的時候，那天就不會到來、你也永遠不會準備好。成功的人就會知道，重點不在於萬全準備，而是要主動踏出去。所以要主動編排你的日程，若是喪失主動性，成功的可能性也就消失了。

關鍵#4 消滅七個拖延症小惡魔

我們在某些時刻總是會有拖延症發作的狀況，有七種性格特

質,我稱作內心的拖延症小惡魔,如果你可以精準的辨別出這些特質,就可以輕易地消除他們。

如何消滅它們

我們假設一個很簡單的狀況,你現在要做伏地挺身,我們來看看這七個小惡魔在你腦裡出現的時候,你能不能抓住它們。

1. 完美主義者

「好的,我要先確認我雙手的距離是正確的,接著我要確認一下我手肘的角度是正確的。然後我下去的時候不能太靠近地面,因為這樣我碰到地板的話就算是作弊了——這樣就不能算是一個標準的伏地挺身。你知道嗎?其實我根本沒有穿著正確的運動服裝,讓我換個衣服我再回來做伏地挺身。」

完美主義心態會一直在意這個伏地挺身到底做得正不正確,所以從頭到尾就連開始都不會有。你覺得下面兩種人,哪一個比較可能會進步?第一個人等了一個月然後做了一個超級標準完美的伏地挺身;還是第二個人,連續一個月每天做十個不標準的伏地挺身?想也知道當然是那個真正做了伏地挺身的人。不要當個只在意做的夠不夠完美的人——有時候你需要的只是**踏出第一步、開始執行**而已。

2. 懶蟲

「我不想做,看起來好難,有沒有簡單一點的?有沒有可能有個幫你做伏地挺身的機器之類的?」

懶蟲就是懶蟲,不喜歡動,不喜歡任何讓他們不舒服的工作,儘管那些不舒服感極其輕微。他們當然也想要看到成果,但是他們不想付出相對應的勞力,他們無法理解的是,任何值得你去追求的成果,都一定需要辛勞付出。

3. 觀察大師

「我大概只能做十下伏地挺身,但你看他,他大概可以做二十下。還有她,她可以做三十下。我超鳥、我爛透了,我根本不應該跟人家在這邊做伏地挺身吧。」

觀察大師會拿自己跟所有人比較。如果有人比他們更在行某件事情,他們就會開始退縮。即使他們知道自己是新手、剛出道,但他們依然如此,東挑西揀,除非某件事情讓他們覺得心裡稍稍舒坦,否則他們根本也不願意做。但事實上,誰在乎你會不會、熟不熟?重點在於你有沒有走在前往目標的道路上。永遠都會有人比你厲害,如果這點事情就讓你停下腳步,那你絕對還有很長很長的一段路要走。

4. 想太多預言家

「如果我做伏地挺身的話,那三頭肌不就會練得很大塊?但是如果我想要練壯的是二頭肌呢?如果我的三頭肌很壯結果二頭肌很小,這樣看起來不會很怪嗎?如果我也想要把肩膀練壯呢?這樣會不會練太壯看起來很奇怪?我不想要那樣,到時候就沒人喜歡我了,我還是不要做伏地挺身好了。」

預言家總是會想很多很多尚未發生的事情,每件事都想得很深很遠很嚴重,結果創造了一堆根本就還不存在的問題。只是一個伏地挺身而已,就可以想到這麼遠。就像有的人會問我:「我應該投資什麼?」後來我才發現他們根本連手頭上的債務都還沒還清。你要做的是一步一步來──不要過度思考,然後自己想像出一堆問題來煩惱自己。

5. 耍白癡

「我不會做伏地挺身耶,有沒有書還是影片可以讓我看看伏地挺身怎麼做?」

耍白癡的人總是會把最簡單的事情過分複雜化。伏地挺身顧名思義就是你往下趴、手撐住、再把自己的身體挺上來,一點都不複雜,但這種人就是會需要看個幾百本書跟影片,內容盡是各

種伏地挺身的變化式跟進階版,然後才願意付諸行動,結果同一時間別人都已經在做普通的伏地挺身來建立基礎力量了。當你連把十個正常版伏地挺身做好的力氣都沒有的時候,那些進階版你做得起來嗎?做不起來,那為什麼還要浪費時間演戲說不會做?做下去就對了。

6. 耳根子太軟

軟:「我現在要來做伏地挺身了。」

朋友一號:「為什麼要做那種無用的東西?科學早就證實伏地挺身對你不好了,不如做有氧吧。」

軟:「好喔,我來試試有氧。」

軟:「有氧也沒啥用啊,我還是好弱。」

朋友二號:「不要做有氧了啦,有氧沒有用啊。我這裡有種藥,我跟你說,效果比有氧跟伏地挺身都要好上百倍。」

這種耳根子太軟的人,患有「新奇事物症候群」,什麼東西聽起來不錯他們就一頭栽進去。相較於乖乖認真做伏地挺身、把伏地挺身練好,他們會去嘗試各種別人告訴他們的好東西、好撇步,然後這裡摸一下、那裡玩一點,永遠都沒辦法專注,並且持續依賴別人替他們指引方向。他們一直不懂的是,要達到財富目標,其實就是長時間專注投入、把一件事做好就夠了。

> Lok-It-In
>
> 要達到財富目標，其實就是長時間專注投入、把一件事做好就夠了。

7. 理由伯

「我沒辦法做伏地挺身，地上細菌病毒一大堆，我一定會生病；要是我的骨頭撐不住怎麼辦？我不想要手斷掉耶，我不要做伏地挺身。」

理由伯會出盡各種理由和藉口來逃避伏地挺身，而且幾乎都毫無邏輯可言，但已經足夠讓他們說服自己，不要去做他們該做的事。

當你遇到這七種性格特質，又該怎麼做呢？

實際行動會趕走無謂的想法蔓延

想法 ----------------------------------→ 行動

（這中間的間隔太長，拖延症就會發作）

想法 --------→ 行動

（想阻止拖延症，要先縮短發想到實際行動之間的間隔）

把這七種性格特質想成是一群兇惡的狼等著要被餵食,如果你餵牠們吃東西,牠們就會更兇惡、叫得更大聲,而你那些無謂的想法就是牠們的食物。但如果你狠下心來堅定立場,牠們就會越來越弱。所以當你發現了這些特質,你應該做的是**直接開始行動**,因為你的行動會趕走那些想法。

開始做一件事情之後，你還會感受到拖延症的影響嗎？大概不會，因為拖延的情緒在你開始之前通常會是最強烈的。所以我們要養成縮短發想到執行行動之間的間隔，這段時間隔得越長，想要拖延的情緒就會越強烈，反之則拖延情緒越弱。

關鍵#5 找出你的不妥協

所謂的不妥協，指的是你每天無論如何都一定要做的事情，這些事情是讓你的人生不斷茁壯的支柱。就像是假設你停止運動或者不再從事任何身體活動，很快的你就會變得孱弱不堪。同樣的概念也可以應用在你人生的各個面向，如果不花時間維持，就會荒廢。

你的這些不妥協，應該要能跟你想要的成果相呼應。也因為如此，你不僅應該非常清楚你的目標，也要非常堅定專注在你的目標上。以下是我的不妥協項目，給你參考，你也可能會發展出屬於你的不同項目。

駱鋒的不妥協項目（每天必做的事）

商業面：每天花六十分鐘思考、發展策略以及了解我的團隊狀況。

感性面：每天花三十分鐘在我的起床儀式，包含觀想（visualization）、感恩冥想（Attitude of Gratitude meditation）以

及深呼吸練習。

財務面：每天花三十分鐘檢視我的財務狀況跟投資。

成長：每天花六十分鐘學習，包含讀書、諮詢專家與討論，以及跟一些執行長及企業家們會面。

生理健康面：每天花六十分鐘做運動，一周三次。

絕對掌握財富，就是絕對掌握自己

多年來，這五個關鍵幫助我解鎖生產力的關卡。也讓我學習到，要能達到財富上的絕對掌握，首先你要先對自己達到絕對掌握。連自己都沒辦法控制得宜，又怎麼可能控制金錢？

那麼現在，是你應用這五個關鍵的時候了——不要拖延、盯緊你的成果產出、保持無比的專注、學學有錢人是怎麼組織自己一天的時間、消滅內心的拖延症小惡魔，以及堅持你的不妥協項目。能夠做到這些，你將會對於自己可以達到的成就感到意外。

第七章

解鎖你的銷售實績

適用於：各種財富原型

前陣子我受邀到一個憑束入場的聚會上演講,台下都是年收上百萬甚至上億的企業家,各個都是見過大風大浪的人物,但是在我的演講過程中,每個人都不停做筆記,會後不斷地提問。發問之踴躍,我直到會後一小時都還在回答問題。

我那天主講的題目是「進階銷售技巧的新紀元」,也就是我所說的高單價銷售,這個主題讓台下的大老闆們為之轟動。因為那個光靠冷冰冰的電訪就完成銷售行為的「美好年代」早已過去,消費者越來越聰明也越來越不容易上鉤,只要他們一聽到「早安,先生／小姐您好,我是……」他們就知道這是行銷電訪,然後掛掉電話,接著回頭就設成拒接電話或者黑名單。就

算消費者願意繼續聽下去,這類行銷電話的各種試探或邀約,現在往往都會被拒絕。整體的業務行銷環境可以說是越來越困難、越來越有挑戰性。

你想想看,光是聽到「業務、行銷、銷售」這種字眼,你就會想到一個油腔滑調的人,試圖想要用話術來促使你做你不想做的事。我倒不是說電話不再是個行銷工具,我只能說它是很棒的溝通工具,但它是個很糟糕的潛在客戶開發工具。

你不一定要同意我接下來的想法,但我認為,客戶怎麼買(how)遠比客戶買什麼(what)要來的重要。對於完成銷售以及跟客戶建立一個持續性的關係,客戶本身的心境很重要。想像一下,你在百貨商場裡面看到有個櫃位在發送免費試用品,工作人員攔下你要請你拿這些試用品,你會怎麼反應?你會從旁邊繞過去、遠遠就避開他們,還是當作完全沒看見?因為他們對你來說根本就是不速之客。

這些所謂的銷售業務一直搞不懂的一件事情就是,消費者喜歡買東西,但不喜歡**被賣東西**。你不會喜歡那些業務硬賣東西給你,我也不喜歡,我們都希望自己可以主宰自己的消費決策,即使如此,當我們同意要跟一個咄咄逼人的業務買東西,也不見得覺得自己有掌控權,我們往往會覺得自己被操弄了,也不會對這次交易感到開心。這就是為什麼這種推銷電訪不管用的原因。當你在沒有任何關係基礎、沒有任何附加價值、沒有任何定位的前

提下就突然打電話給某個人，你的推銷路會非常非常難走。問題在於，你要在短短一通推銷電話的時間中，建立對方對你的信任，以及你本身的可信度，你在一開始就讓自己處於極度劣勢之中。

> 消費者喜歡買東西，但不喜歡被賣東西。
> ──駱鋒

所以潛在客戶開發不適合用電話進行，那你該怎麼辦？讓你的直效行銷（Marketing）、品牌行銷（Branding）跟社群網路行銷來幫你做好這件事。我利用這三項工具將訊息傳遞出去，讓有興趣的人自己來找我、主動跟我底下的服務人員電話聯繫，這對服務人員以及客戶來說，都是比較舒服的方式。因為這是讓客戶自己舉手高呼「我有興趣」，而不是有個人一直在旁邊催促客戶趕快舉手答有（客戶可能連動都不想動）。

當這些有興趣的人打電話進來，他們的注意力完全在我這邊，但如果你是做推銷電訪，你根本不知道電話那頭的人正在做什麼，或者你是不是根本已經打擾到人家。如果你主動打電話過去，你就只是個業務；如果你引起他們的注意，讓他們打給你，你就是權威專家。

這就是為什麼我開創高單價銷售這套方法，這是一套專注於

提供高品質商品及服務,且行銷人員只需接受由行銷工具吸引的客戶端所撥進的電話。遵循以下的守則、實際執行,效果會讓你大吃一驚。

高單價銷售的五個準則

記住,我們講的不是普通的電訪 call 客、挨家挨戶拜訪或是任何陳腔濫調的話術,這些東西只會讓人覺得你像個突然跑出來的蟲子一樣討厭。但是高單價銷售技能,就會讓你有不同的待遇,因為你不會突然打電話去打擾人家的工作或生活,也不會在人家吃飯的時候站在人家家門口說要拜訪——這不是高單價銷售要做的事。我們要成為的不是油條業務,而是一個專家,我們不是要一直躁進地去催促,或是試圖控制客戶——我們要的是幫助客戶自己做出決定。

我們想像有一個潛在客戶,他有興趣想要買產品或服務,但還是有一些疑慮。他需要更多資訊、更多引導,他需要更了解整個流程是怎麼運作的。畢竟這不是小交易,如果有個人可以在電話上幫他解惑、一步步說明整個流程,不是比較合理的狀態嗎?高單價銷售技巧就是要你做到這樣的一對一、人與人的接觸。想想你的家人、朋友、兄弟姊妹,如果他們正在經歷一段艱辛的階

段,而你想要幫助他們度過,你會怎麼做?你不會在社群媒體貼個貼文來幫他、不會透過網站或是任何線上的媒介,你會跟他面對面,至少打電話親口跟他說說話。這個過程中,最可貴的就是人與人之間的接觸跟連結,這才是高單價銷售的重點。

你可能對於高單價銷售跟傳統銷售方式之間的差異還存有一點疑問,不如我來更明確一點的告訴你,高單價銷售究竟是什麼東西?

高單價銷售守則#1 不要一開口就是個業務嘴

現在,不要思考,越快越好,說出當你聽到「業務銷售」這個詞,腦中第一個閃過什麼念頭?如果你跟大部分人一樣,大概會想到「中古車銷售員」、「油條」、「騙人的」或者是「穿西裝的老千」,不管是哪個,大概都不是太正面的形象。

那如果是「業務員」呢?你又會想到什麼?你腦中會出現什麼畫面?也許會出現一些影劇情節,你會覺得「喔這些就是業務員,他們大概就是要推銷什麼東西給我吧?」或者是「大概又是個騙錢的。」又或者你會覺得他們就是見錢眼開的人。一樣,又是負面形象,這就是整個社會對銷售業務的觀感。

只要你的談吐行為像個傳統的業務員,就只會創造出抗拒,這就是為什麼千萬不要一開口就是業務嘴,你會馬上讓潛在客戶掉頭走人。

想像一個業務員,想像他的講話方式,想像一下他的行為,他怎麼跟你溝通。最後你的腦中出現什麼畫面?你可能會描繪出一個講話很快、好像很積極很有熱情,一直投射出很強烈的精力,不停告訴你他的產品服務有什麼優點跟什麼強項,完全不管人家有沒有在聽、受不受得了,也不打算放慢速度,不打算理解你的需求跟問題的人。這就是傳統型、大家都討厭的業務員。

你該做的是完全相反,高單價銷售技能要你放慢講話速度,要你認真聆聽、要你保持冷靜集中,行為舉止都要像個專業人士才行。

高單價銷售守則#2 說的越少,成交越多

業務工作最常見的錯誤就是話講太多,有時候講到客戶都想走人了還在講。不知道你有沒有發生過這種經驗,你已經決定要買一個東西了,結果業務一直講一直講,講到你真心覺得很煩,最後跟他說:「不好意思我還有點事,先去處理一下,等一下再回來。」

這種狀況其實非常常見,大家普遍相信的一個迷思,就是一個好的業務得要很會講、可以講很久,然後一直推產品,還以為這樣就可以說服客戶,讓他產生不同的感受。

高單價銷售追求的,則是在正確的時間,巧妙地問出正確的問題。

問題的種類可以有很多種：開放性問題、封閉性問題，探索性問題以及重新導向問題等。接下來的幾頁，你將會學到如何選定要問哪些問題，以及時機點跟方式。

你覺得為什麼這些內容很重要呢？原因很簡單，你在說話的時候，就沒辦法仔細傾聽，而當你沒有真正在聽，就沒辦法了解你的潛在客戶。如果你對潛在客戶一無所知，就沒辦法幫他們解決問題。我深深相信，每一個人口中說出的任何一句話都是有意義的；而客戶說話的時候，其中的意涵更是重大。當你能夠真正聽明白客戶講話的內容，就會知道他們需要聽到的是什麼。你當然可以直接了當說出來，但更有力的做法是，用正確的問題勾勒出對客戶有用的資訊，然後引導客戶自己把它說出來。

你有沒有看過那種上面寫著「一〇一種成交的方法」或者是「五十九種方法讓客戶沒辦法說不」的行銷書？我不相信這種東西，我也不會教學生這種東西。為什麼？當你已經先想好等一下要說什麼的時候，腦袋會一直在預想，就沒辦法跟人好好連結溝通，因為這不是在對話，你只是在等著什麼時候換你說話。

我傾向越簡單越好。我談生意的最後一句話通常都是：「好，那你希望怎麼做？」或者是「我們接下來要怎麼做呢？」就這樣。因為如果我整通電話都有把應該做的事做好、問該問的問題，並精準抓出客戶最在意的部分，那麼最後那一句答應、那一句 Yes，應該是再正常不過、最符合邏輯的結局。我不會一直

緊追不捨的重複問客戶「所以咧？要不要買嘛？」或者是老梗的直接幫客人決定「好啦，買就對了，直接決定要紅色還是藍色。」我們在執行高單價銷售時，從不做也不想做這種事。

還是要重複再重複——高單價銷售要做到的是，在正確的時間，巧妙地問出正確的問題。

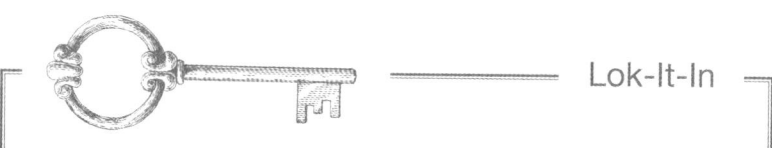

> Lok-It-In
> 每個人口中說出的任何一句話，都是有意義的；當客戶說話時，其中的意涵更是重大。

高單價銷售守則 #3 消費行為最終的目的，是為了要脫離某些東西

人們會消費、會買東西，很多時候是因為想要脫離某種痛苦、某種情境。事出必有因，就像減肥，是因為想要脫離被說胖子的恥辱；就像奮力甩開債務，是因為不想要一直感受到財務壓力；就像很想休假，是因為想要逃離單調的工作人生。

沒有痛苦，就沒有銷售。客戶沒有遇到問題，就沒有買東西或買服務的理由。但有時候，很多人遇到了問題卻自己騙自己、

不肯承認，這時候就需要高單價銷售業務員發揮他們的功用，讓客戶清楚知道投資在該產品或服務上，可以如何改變他們的人生，並幫助他們脫離痛苦。從這個角度去想，就可以理解傳統業務員玩的那套展示和解說有多沒用了吧？你知道那是什麼樣子對吧，裝得一副很熱情的面貌，皮笑肉不笑，然後不停列舉這個產品服務有哪些優點和強項，希望總有一個可以打動客戶的心。

但他們不知道的是，客戶不會因為了解產品而買，客戶會因為被了解而買。所以當客戶開始流露出打算拒絕的態度時，傳統業務員會努力地想要捍衛自家產品服務的價值；而高單價銷售業務員則是把客戶的利益擺在第一位，他們會自問：「客戶真正感受到的痛苦是什麼？」或是「我要怎麼樣才能夠幫助他們」，甚至是「他們真的適合我現在推的產品或服務嗎？」

這個過程對客戶來說不一定是個愉快的體驗，畢竟你是在探究他們內心最深處那種不舒服的感受。而且解決客戶的問題就像是幫傷口清創，一開始總是有點刺痛，然後慢慢越來越好。舉個例子，如果一名醫生把所有心思都放在讓病患處於最舒適愉快的狀態，那他的醫療行為是很難有效率的。假設由於不願意讓病人感受到打針那短短一瞬間的痛，而不讓病患注射流感疫苗，他應該不能算是個好醫生對吧？

三個魔術語彙

你有看過戒菸廣告用正常人跟吸菸者的肺來比較的照片吧？一個是健康的粉紅色、感覺活生生的；另一個則是髒髒灰灰的乾癟貌。這樣的視覺效果，很明確地告訴你抽菸會造成什麼結果，來對吸菸者造成情感上的影響。在高單價銷售中，我們做的事情其實非常類似，我們會讓潛在客戶知道，目前的狀況與未來想要達成的狀況，中間其實有一段不小的距離。我們會在這段過程中使用三個魔術語彙：確切而言、具體來講、準確地說。

我們不問「你想要什麼樣的成果？」而是會說「確切而言，你想要什麼樣的成果？」

我們不問「過去你曾經嘗試過什麼行動來增加銷售量？」而是會說「具體來講，過去你曾經嘗試過什麼行動來增加銷售量？」

我們不問「你希望從我這邊得到什麼樣的幫助？」而是會說「準確地說，你希望從我這邊得到什麼樣的幫助？」

用這樣的語彙，你可以引導潛在客戶說出更細節更具體的答案，也就可以讓你更了解他們：他們的難處、目標，還有他們確切、具體、準確地想要什麼樣的東西。

你很快就會發現，這三個詞彙馬上就會成為你超好用的工具，在你的日常生活中也有很多用處。人們都喜歡被關心，只要

你點出這個機會,他們會告訴你很多關於他們的細節,因為這樣往往能讓他們覺得被關注、覺得自己是個重要的人。

高單價銷售守則#4 試著找到第三層級的痛苦

在一次行銷訪談中,你可以找到三種不同層級的痛苦:

- 第一層級:表層的痛苦(可以輕易感知辨別出來的問題)
- 第二層級:商業或是財務上的痛苦
- 第三層級:個人痛苦

為什麼分出這些層級很重要?因為就像前面說的,沒有難處、沒有痛苦,就沒有銷售行為。聽起來或許很嚴厲,但高單價銷售業務員就是要來幫助客戶了解,如果再不做出改變,人生會面臨什麼樣的後果。

說到第一層級,我們講的是客戶在最剛開始碰到的難處,客戶在敘述這些問題的時候,表面上看起來非常了解自身的狀況,也沒有涉入太多的情感,但是我們都知道,一定還有一些更深層的原因。客戶來找你,可能只說:「我來的主要原因,是希望能夠增加更多客戶。」當你越問越深,就會發現第二層級的問題:商業或是財務上的痛苦。假設你問客戶:「那你目前手上的客戶數有多少?應該沒有很差吧?」回答的過程中,他就會開始向你

透露更深層的資訊。你可能會發現，客戶公司目前的營運低潮，是因為淡季的影響。這時候你已經發現更深一層的問題，但後面還有第三層級：個人痛苦。你可以先想像一下，如此深層的難處，到底是什麼狀況？

你可能是在問過了幾個問題之後發現，原來這間公司是他家族代代相傳的家族企業，如果再不增加客戶數，可能就要關門大吉了，這就是第三層級的深層感受。當你在實際運用上跟客戶走到這一步時，你能夠得到的脈絡，不一定每次都會這麼極端明顯，但總比你停在表面，去處理第一層級狀況來得更有效率。沒有痛苦，就沒有感情投入，沒有感情投入，就不會有銷售行為。

你可能會覺得：「好喔，聽起來頗合理。但是要怎麼深掘到第三層級？」你需要使用探索性問題來切入——這類問題就是設計來讓你更深入了解你的客戶。以下舉一些例子：

- 「可以請你再多說明一些嗎？」
- 「能不能給我一個明確的例子？」
- 「這個問題持續多久了？」
- 「你有沒有思考過要怎麼處理這個問題？」
- 「有沒有嘗試過其他的解決方法？有成功嗎？」
- 「你認為這個問題已經造成你多少的損失？」
- 「你個人目前為止的感覺如何？」

當你能夠接觸到客戶第三層級的感受，就同時碰觸到問題的核心，這時客戶對你的信任度會提高很多，也就更容易讓這筆生意順利成交。

高單價銷售守則#5 放掉不好的潛在客戶

如果你碰過不好的客戶，就能理解那有多累人。不管是一天到晚抱怨東抱怨西、需求很多，或者單純很難相處的客人，總之，你不會想要跟一個糟糕的客人做成交易，對你或你的生意都不會是好事。你要記住，這個過程是你跟你的潛在客戶在互相打量。他在決定要不要把生意給你，同時你也在評估他是不是個好客戶。我懂你想要保住每個客戶的想法，但事實上，把不好的客戶硬吞下去，只會讓你得到滿肚子苦水。

還記得我前面說過，遇到一個不想被救援的人，你不用費力氣去救他。想像一下你在跑一場賽跑，但你必須從頭到尾拖著另一個跑者一起跑，那這個比賽怎麼可能會有意思？我們就假設你真的願意這樣跑好了，但如果他就是不願意動動他的兩條腿，你給他再多助力，他大概都沒辦法跑出什麼成績來。套回現實生活的狀況，如果你賣的是程式，那你的客戶就必須要主動地想要執行這個程式；如果你賣的是產品，那他們就必須真的有需要使用這個產品；如果你是顧問，那你的客戶就必須願意認真採納你的建議。

話說回來,你要如何拒絕不好的客戶?就直接告訴他們不適合繼續合作吧。對你而言,一定還有更多更適合的客戶——這就是選擇的美妙之處。當你運用高單價銷售技能,你的生活富足、你有得選擇,你不用卑躬屈膝,不用為了五斗米而昧著良心、昧著你的道德。

這種客戶要放掉:

- 滿滿負面情緒。
- 一哭二鬧三上吊,戲很多。
- 永遠帶著一堆無解的問題來找你。
- 不管幾點,就是要你把他們想要的時間空下來留給他們。
- 無理的要求、無理的期待。

人生已經很短,而且你讀到這裡也已經知道,時間是最寶貴、最有價值的商品,不要把時間浪費在不想要我們的幫忙,或是不珍惜我們的幫忙的人。不用再去面對那些負面的人,你的人生會過得更有選擇,你也絕對有資格去挑選什麼樣的人適合成為你的客戶。

高單價銷售方法論

自然合理地引導客戶做出決定

現在你已經理解了高單價銷售的心理背景以及守則，接下來要進入高單價銷售的電訪細節內容，讓你知道在一通電訪中要如何保持格調、冷靜及自信（等一下就知道我為什麼這麼說），以及一通電訪中應該有哪些階段跟怎麼進行。

高單價銷售電訪的三個階段

每一通電訪都有三個階段，這些階段就像是讓你穩定走向交易成功的樓梯，每踏入一個階段，你就距離最終目標越來越近。要注意的是，這些階段一定要照著順序前進，無法跳過或是打亂順序。

整套流程是設計來讓你在電訪過程從頭到尾都確實掌控，讓開始介紹到最後成交成為一套有邏輯的自然進程。之後你會了解到，這些階段並不是要你一直很熱情，不是要你玩一堆話術套路，而是將人類行為科學與你的策略技巧結合。如果你可以把這些東西徹底內化，就能夠更深入地跟潛在客戶建立連結。

```
        完全投入

         認可

         大綱
```

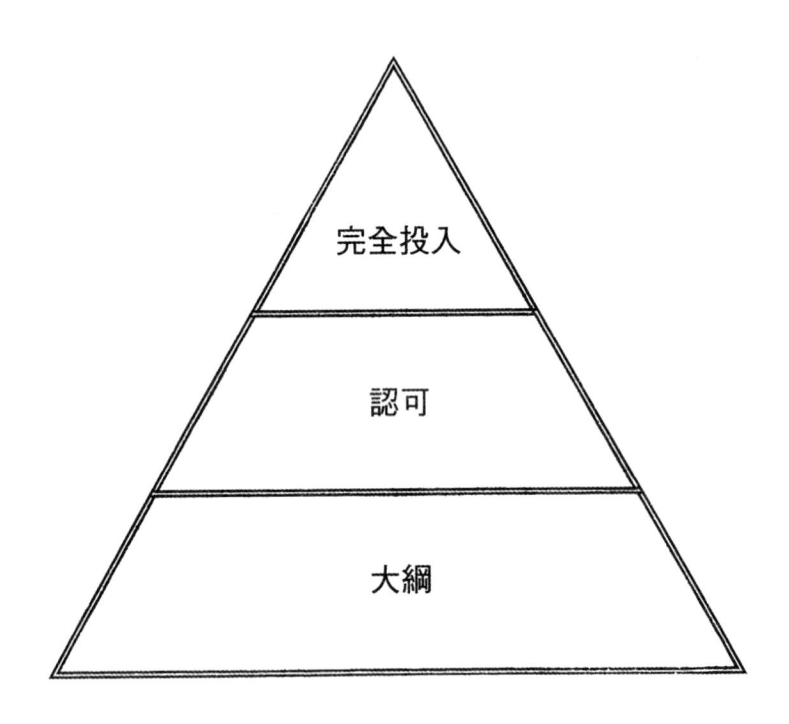

第一階段：大綱

　　這是電訪開始的階段，你要做的是設定這通電訪的大架構，客戶的大腦會在聽到你說話的幾秒鐘內開始審視你，所以要注意這很重要。

　　在這個階段，你會讓你的潛在客戶知道接下來雙方合作的基調，你會在電話上先讓客戶有基本程度的投入、讓互動變多，會開始了解客戶的想法與動機，並且發掘客戶真正的需求是什麼。

　　這一段的時間長度不應該超過五分鐘。

高單價銷售電訪範例：

客戶：你好，請問是駱鋒先生嗎？

業務：您好，我是。請問有什麼地方需要協助的嗎？

客戶：是，我有跟你預約今天的電話會議時間。

業務：是，下午三點對吧。那麼，為什麼會想要預約這個電話會議呢？

客戶：我是希望可以了解 X、Y 以及 Z 這三個部分的內容。

業務：好的了解，那我接下來會先詢問您一些基本的問題，主要是要確認我們的合作能不能為我們彼此都達到最大價值效益，請問這樣可以嗎？

短短的幾句話就建立了信賴，讓潛在客戶端開始做出一些簡單的資訊貢獻，也建立了對於這次對談的可預期狀態。相反的，傳統的典型業務則是這樣：

傳統電訪範例：

業務：哈囉，您好？

客戶：是……你好。

業務：是，不好意思想要佔用您幾分鐘的時間，想要跟你介紹一下我們提供的一些限時優惠，請問現在方便說話嗎？

別告訴我你不覺得這種電話很討厭。

第二階段：認可

我們在第一階段把整個架構設定好之後，接下來就是確認客戶是不是合適的合作對象。

記得前面我說過，沒有痛苦就沒有銷售行為。第二階段我們要來探詢客戶的痛苦、需求等等細節。這個階段結束時，你應該要知道：

- 客戶的需求跟渴望
- 這些東西都是為誰而做？
- 客戶想要做到什麼程度？
- 為什麼客戶會願意考慮在「現在」這個時間點跟你合作？
- 客戶是否有能力負擔跟你合作的費用？
- 跟你交談的人是不是決策者本人？
- 如果未來潛在合作需要長時間投入，客戶是否願意承諾投入時間？

你要先在這階段了解這些資訊，在正確的時機問出正確的問題，才能走到最終階段。這也是你真正跟客戶產生連結、深入了解的時候。

需求評分機制

當你跟潛在客戶電話會議時,你要帶入需求評分機制,讓你了解潛在客戶實際上到底有多需要,或多想要你的幫助。評分從一到十,一代表潛在客戶完全不需要你的幫助,十則是非常需要、立即地需要。

我們會這麼做,是因為不同需求程度的人,我們會需要用不同的方法去應對,根據他的需求程度來制定合宜的策略。

機制大致上像這樣:

- 分數一到五表示該客戶有低度需求
- 分數六到八表示該客戶有中度需求
- 分數九到十表示該客戶有高度需求,而且較為急迫

分級之後,你就可以理解為什麼跟一個只有分數二的客戶直接談到錢不會是個好主意,又或者面對一個已經達到分數九的客戶,卻還是繼續挖掘他們感受的痛苦,可能會達到反效果。先對潛在客戶有點了解、明確的分級,會讓你比較確切地知道接下來該往哪個方向談。

除非你遇到分數八或以上的客戶,否則不要往最後一個階段走,而當你面對的是低度需求(分數五以下)的客戶,可以試著問一些策略性的問題,來提高他的需求程度。好的策略性問題可

以讓潛在客戶開始思考，並且促使他們最終做出合理的決定。

高單價銷售電訪範例：
業務：您目前的營收大約是多少？
客戶：月營收大概是10萬元。
業務：10萬元還不錯啊！目前覺得有什麼問題嗎？
客戶：營收還不錯，但我們的利潤並沒有看起來那麼好。

乍看之下感受不出這些對話有什麼特別，不過跟傳統業務的對話比較一下你就知道了。

傳統電訪範例：
業務：您目前的營收大約是多少？
客戶：大概的月營收是10萬元。
業務：我跟你說，以你們的營業模式，我可以直接告訴你，獲利一定沒辦法太好，我說的對吧？來，我告訴你該怎麼做，我們公司可以為你們提供很多協助。

你看出差異了嗎？雖然細微隱晦，但是帶出來的結果卻是天差地遠。這個部分你還有很多類型的問題可以使用，來收集更多對潛在客戶的了解：

- 聽起來這個東西對你來說應該很有用才對,所以是哪邊出了問題呢?
- 所以確切來說,你想要看到什麼樣的成果?
- 如果你的夢想成真,你覺得你的人生會有多大改變?
- 所以,你的目標是什麼?你想達成什麼?
- 你覺得問題是什麼?你的阻礙是什麼?
- 最近這段時間,你的生活有什麼重大改變嗎?
- 為什麼你會覺得你需要幫助?

當你確認了客戶的需求、渴望、金錢狀況跟決策思維,就可以走到最後一階段——完全投入。

第三階段:完全投入

完成第二階段,我們就要進入第三階段,這時候你要提出你的解決方案提案,同時跟客戶表明,需要客戶也完全投入,最後拍板定案,成交。

這個階段的主要重點在於讓客戶自主、投入的跳下去思考,確認這是最佳決策。記住,每個人口中說出的任何一句話,都是有意義的;而當客戶說話的時候,其中的意涵更是重大,所以要讓客戶自己說出來。相對於高單價銷售業務的做法,傳統業務就會在這時瘋狂堆疊一堆優勢價值,讓這個交易看起來無比完美。

高單價銷售電訪範例：

業務：好的，您說您想要 X、Y 以及 Z。我想先請問一下，其實我知道有很多公司的收費都比我們還要便宜，為什麼您選擇跟我們合作呢？

客戶：嗯，因為你們的名聲遠播，而且我有很多朋友都跟我推薦你們，我可以預期跟你們合作應該可以獲得很大的效益。

業務：感謝您，那麼，我們接下來決定怎麼做呢？

客戶：我們同意你們的提案，那就這樣開始吧。

接下來我們再來比較，傳統業務會怎麼做。

傳統電訪範例：

業務：好的，我們公司的方案裡面，您會拿到 A、B 以及 C，同時我在這邊再加上 D。一般來說，收費是 10000 元，但如果您今天決定的話，我們可以有折扣價 7500 元。所以您決定今天購買嗎？

客戶：這個……我要再想一下。

業務：還有什麼需要想的呢？

就是這樣，這就是高單價銷售電訪的三個階段。當你用這樣的方法來架構你的電訪內容，你會發現你的對談內容穩定而且完

全在你的掌握之中，不會一個主題跳到另一個主題、一個項目特點跳到另一個項目特點。你也會更明確感受到客戶的拒絕意識沒有那麼強烈，對談更加順利。

接下來呢？

讀到這個地方，也許你會覺得這樣的資訊量有點難以消化，或者還在想像高單價銷售電訪實際上的狀況聽起來長怎樣。

如果你想了解更多，請上 HighTicketCloser.com，你可以得到更多的訓練課程，更深入了解高單價銷售的內容。

現在的你，已經解鎖了如何把潛在客戶變成真實客戶的重要技能。但請記得，銷售只是其中一部分，下一章，你會解鎖企業成長最核心的部分。

第八章

解鎖你的企業成長

適用於:荒島倖存者、不滿足的君主

多數創業者都是在放棄了永無止境的競爭之後,才發現自己從前所做的一切都是徒勞無功。永遠的瞎忙、用了一堆治標不治本的解決方案,問題總是無法解決,這邊剛滅完火另一邊又燒起來,結果就是處在今天可以吃飽、明天可能吃土的極端不穩定循環,老是要擔心下一筆成交是什麼時候、下一個新客戶在哪裡。也因為如此,他們無法進入一個有效率的企業運作狀態,因為他們總是在被動應對手頭上的問題。

這也難怪根據美國小型企業管理局(Small Business Administration)的資料,半數的小型企業都撐不過五年。所以這裡我們要討論的問題是:你要怎麼建立你的核心企業架構,讓

你的公司可以成長、可以規模化,同時維持健全運作?

企業成長三本柱

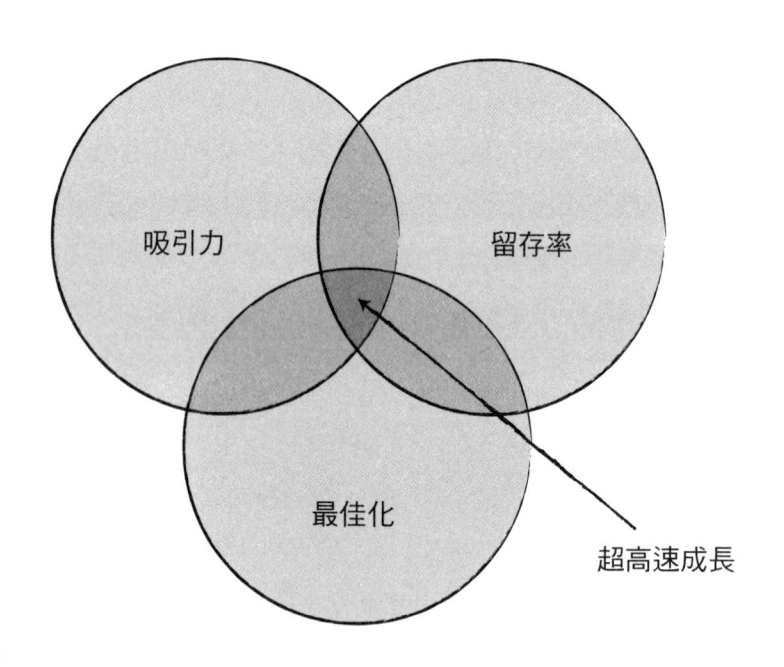

```
         吸引力        留存率


              最佳化
                        超高速成長
```

要解鎖企業成長的關卡很簡單,三個方法:

- **吸引力**:能夠穩定、可預期地吸引新的優質客戶
- **留存率**:能夠提高客戶對你的依賴程度,並且強化客戶與

你的關係
- **最佳化**：將你能提供給客戶的價值最大化

這三個支柱協同合作，形成一個穩定可延續、可擴張的企業架構，只要其中一柱偏弱，就會演變成不平衡的結構，如同我們可以觀察到大部分營運不善的公司，這三柱一定至少有一項以上是弱的。

吸引力：如何在可獲利的狀況下持續吸引合適的客戶

你只會聽到有公司因為營收不佳而慘澹經營，不會聽到有公司因為營收太多而退出市場吧？這些公司營收狀況之所以不好，是因為他們無法順利地廣開客源，雖然營收不可能是所有企業經營問題的唯一解方，但是維持營收絕對可以解決很多問題。

吸引力可以再被細分為兩個部分：行銷以及成交。行銷創造了你的品牌知名度，並為公司帶來新的潛在客戶。成交則是把這些潛在客戶帶到實際銷售行為的執行面。兩者綜合後，吸引力就代表了創造一個在可獲利的狀況下，持續穩定吸引客戶的方法。

第一個要思考的問題是：

要獲得一個新客戶，你最多可以負擔多少成本支出？

對大多數企業主來說，他們對這個問題完全沒有明確的概念，他們會說「當然是越低越好囉」，然後只依賴口耳相傳的介

紹推薦、傳統行銷電訪、一陣瞎忙、衝得天昏地暗最後發現公司成長率仍然幾近於零。其中有很大的原因在於，你無法明確掌握這些推薦人，你不知道什麼時候會有人幫你推薦客戶，你也不會知道有多少數量。

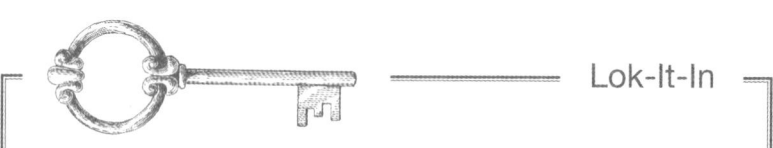

> Lok-It-In
> 除非可以在可獲利的狀況下持續穩定吸引客戶，否則這不叫經營企業，只是在經營你的興趣。

不過倒是有很多企業主不介意依靠推薦人幫他們做廣告，他們會說這是免費行銷。但如果你仰賴這些無法掌握的人來幫你推薦客源，等於是閉著眼睛在營運。沒有一個可預期的系統來引進客戶，就不叫經營企業，只是在經營你的興趣。然而，一旦你決定要在「獲得客戶」這個項目上投資多少，行銷就變成是單純的數學問題。

行銷就是數學

我們假設你要買的產品價值 1000 元，銷貨成本是 200 元，你賣這個產品可以獲得 800 元的毛利，這 800 元裡面你打算運用多

少比例來投資你的營運？大部分的企業主會說「越少越好囉」，因為他們想要保住最多的利潤，但我的想法不同，我要比我的競爭對手都投資更多錢來獲得新客戶，我告訴你為什麼。

想像有兩間公司，A跟B。A公司只願意花100元在取得新客戶這件事上面，而B公司願意花500元。你覺得最後誰會獲勝？當一間公司在開拓客源上面肯比對手花更多的成本，就能夠更積極地擴張、在更多管道做廣告行銷，有更高的市佔率、更高的市場滲透度、更強的品牌知名度。願意投資較多來獲得客戶的公司當然會勝出。

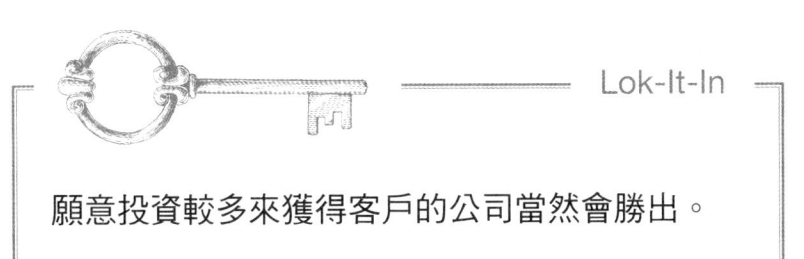

> Lok-It-In
>
> **願意投資較多來獲得客戶的公司當然會勝出。**

那麼要如何決定花多少成本來獲得客戶呢？我的團隊，可以接受的數字是首次提案價格的七成。也就是說，對這個客戶的第一次提案價格是1000元，那麼我就會願意在賺到這1000元之後，花費700元的成本來留住這個客戶。這是我的團隊在多次測試跟調整後得出的最佳數字，或許你會得出不同結果。

我們之所以願意支出這麼高額的成本來保住這個優秀客戶，

是因為我們絕大多數的利潤其實是來自於初次合作之後。隨著時間推進，我們會視情況提供升級服務，或者是讓該客戶成為固定合作對象。

留存率：讓客戶變成你的狂粉

留存率可以再細分為兩塊，一個是顧客滿意度，一個是顧客提升。

顧客滿意度

做為一個創業者，你可能會很容易就喪失對客戶的注意力，導致你沒有關注到客戶的消費者體驗。持續了解客戶對你公司的看法，對公司成長非常重要。

我們的團隊使用淨推薦值（Net Promoter Score，NPS）來持續衡量顧客滿意度的狀況，基本上運作方式是這樣的——請你的顧客以分數一到十來回答下面這個問題：

「你有多願意向朋友或同事推薦我們公司的產品／服務？」

完全不可能　　　　　　　　　　　　　　　　極度可能
０　１　２　３　４　５　６　７　８　９　１０

根據回答,你可以將顧客分成三個集團:

- 推薦者:回答分數九或十
- 被動者:回答分數七或八
- 貶低者:回答分數〇到六分之間任一分數

接著,將推薦者百分比減去貶低者百分比之後的數字,就是你的淨推薦值。舉例來說:假設你有60%的顧客被列為推薦者,10%的顧客被列為貶低者,那麼你的淨推薦值就是五十。一般來說,推薦值達到七十就能算是世界級水準的企業,而我的公司則是將目標設定在九十。儘管我們時常達標,但還是有不如意的時候,也就更需要隨時修正調整。而達到高淨推薦值的秘訣,就在於把客戶的忠誠度提升到更高,也就是顧客提升。

顧客提升

你覺得每個客戶都是平等一致的嗎?我不這麼認為,至少我們馬上就可以理解,不是每個客戶都可以跟你以及你的公司有一樣的關係往來。有時候跟某些客戶往來,就是會比其他客戶來的更有利潤,所以如果你想讓你的公司持續成長,就要專注在這些跟你有良好合作關係的客戶上。

你可以用五個不同的階層來分類你的客戶,每個階層代表不

同的關係程度。從狂粉到潛在客戶、代表著超級忠誠到極薄弱的忠誠度：

1. 狂粉
2. 會員
3. 常客
4. 新客
5. 潛在客戶

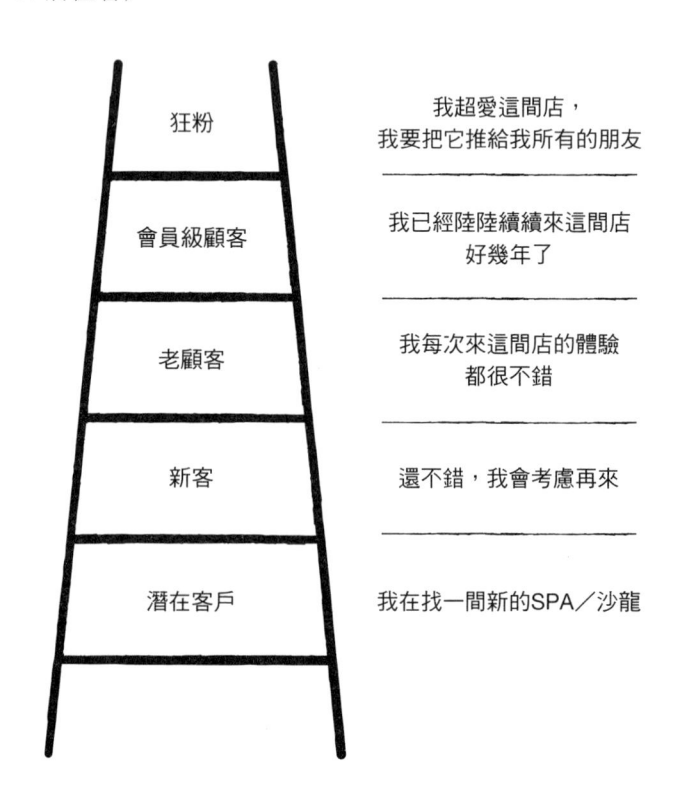

狂粉	我超愛這間店，我要把它推給我所有的朋友
會員級顧客	我已經陸陸續續來這間店好幾年了
老顧客	我每次來這間店的體驗都很不錯
新客	還不錯，我會考慮再來
潛在客戶	我在找一間新的SPA／沙龍

狂粉級顧客，會對你的公司忠誠度極高、熱愛與你合作，且到處跟別人推薦你的公司；**會員級顧客**是會持續且頻繁跟你合作的客戶；**老顧客**則是偶爾會出現，但每次合作的經驗都很棒；**新客**目前為止只跟你合作過一次，有機會他們可能會再回頭找你；**潛在客戶**則是尚在尋找他們要的解決方案，而你的公司對他們來說只是諸多探詢的其中一個。

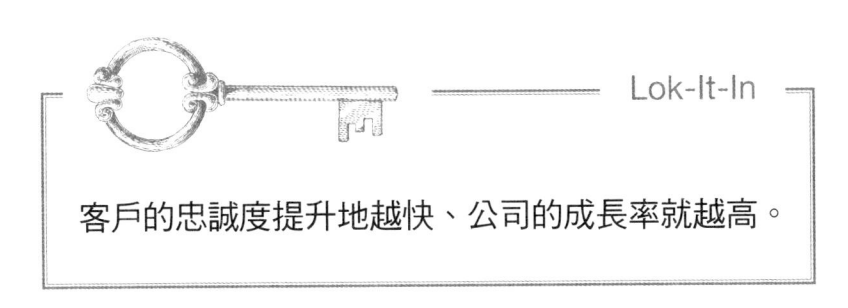

> Lok-It-In
> 客戶的忠誠度提升地越快、公司的成長率就越高。

你的重點要放在把顧客的忠誠度往上提升——要把潛在客戶的忠誠度提升到狂粉或會員型顧客的水準才行。

新客 V.S. 會員級顧客

為什麼我們要重視會員級顧客多過於新客？其一，根據提姆‧施密特（Tim Schmidt）的理論，會員級顧客的消費額會比新客多出66.3%。其二，在不需要你多花費成本獲得新客戶的狀況下，會員級顧客就可以帶給你可預期、具重複性的收入。最

後，儘管會員級顧客擁有上述兩點優勢，但要獲得這樣的客戶，花費卻僅和新客水準的客戶相同。

同時，你跟會員級顧客的關係，也會是比較穩固的。新客屬於短期關係，只在乎他們要的產品或銷售，然而會員級顧客則是走長期經營，也較為著眼在人與人之間的連結，以及你的產品或服務背後的哲學跟理念。

強而有力的會員制度，是強盛企業的核心，亞馬遜影音平台（Amazon Prime）、好事多（Costco）、美國健身公司CrossFit、網飛（Netflix）、星巴克（Starbucks）等全球知名企業皆是如此。會員制度同時也會為你的公司打好長期成長的基礎。

會員制度建奠基於社群之上

你可以試試看一個有趣的實驗。你去說服一個CrossFit的會員，告訴他LA Fitness比較好。如果你有認識的CrossFit忠實信徒，那你就會知道這是一件不可能的任務。不管你怎麼說、提出什麼證據，這些粉絲絲毫不會動搖，一切都是因為「社群」。

CrossFit有自己的社群、自己的文化。社群之中的人都覺得自己是關係緊密的大家庭成員之一，社群外的人則是永遠搞不懂為什麼這些人會這麼熱血，這就是社群的力量。

如果你有強大的社群支持你，他們就會在沒有任何誘因的狀況下全力支持你的公司，社群會成為你企業的一部份，甚至叫他

們付費入會都沒什麼問題。每次你的產品上市，他們都會搶先採購使用，然後驕傲的宣傳你的品牌。但其實你不需要花大錢打造社群，只需要執行以下的步驟：

1. 了解自己的價值觀

了解自身的價值觀非常重要。你的社群主張的是什麼？不主張的又是什麼？相信什麼？不相信什麼？你的社群存在的理由是什麼？例如蘋果公司（Apple Inc.）存在的理由是為了挑戰現況，成為非主流的主流。你的社群又有什麼價值觀？

2. 做的比你承諾的更多

雖然大部分的企業是承諾多少就做到多少（有些甚至還做不到），但做的比承諾的更多，永遠都不會是壞事。美國的鞋類服飾零售商Zappos，當初是第一家做出宅配到府及退貨皆免運費的公司──著實給了消費者一個非常驚艷的感受。雖然很多人質疑這樣的作法會讓公司成本大幅提升，但這樣的質疑完全忽略了這個作法所帶來的廣大效益──顧客忠誠度大幅提升。而你又能怎麼樣為你的顧客做得更多？

3. 創造一個會員可以互動的平台

社群成員會想要交流互動，人類的天性就是物以類聚，我們

會去跟我們想法、價值觀接近的人相處。就如同我的高單價銷售訓練營學生們,他們每天都會在線上互相交流彼此成功的經驗,以及經歷過的挑戰,除此之外,我們還有一個會員限定的年度正式晚宴,全球數千名學員都會飛抵溫哥華參加。你能夠提供你的會員什麼樣的交流平台?

現在我們說明完了顧客留存率以及會員制度的力量,接下來要講到最後一柱——最佳化。

最佳化:把每個客戶的價值最大化

最佳化的重點,在於把每個客戶的價值最大化。不管什麼時候,你的客戶中一定有部分比例的人願意,也想要跟你有更多採購——所以我們需要在對的時候,提出對的交易內容給這些客戶。

這是我的公司的銷售流程圖範例:

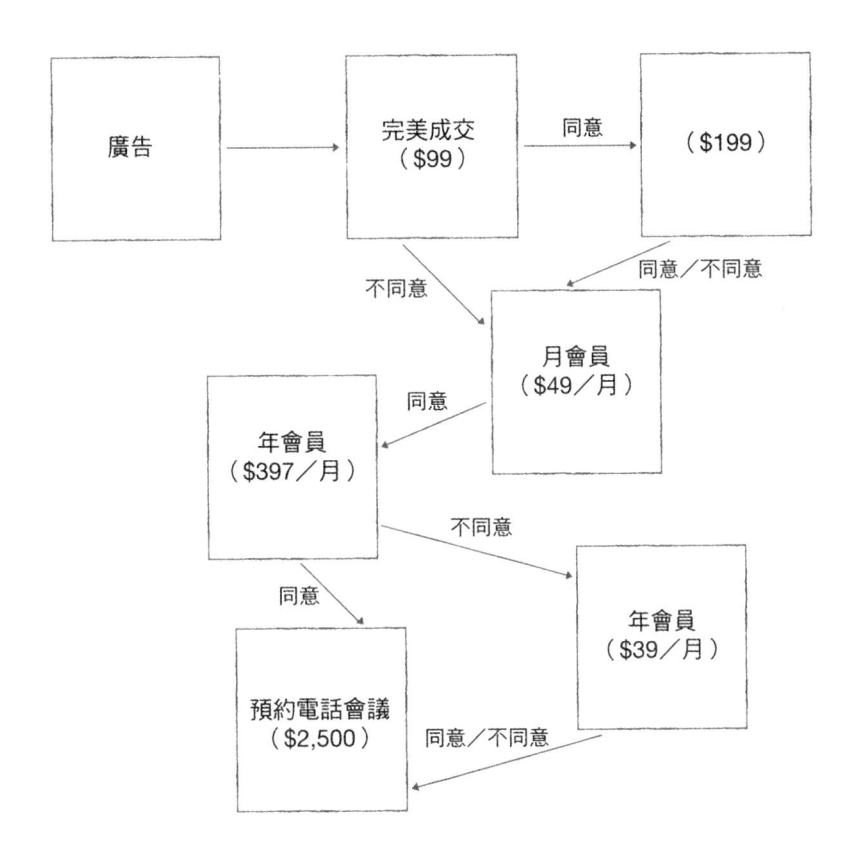

```
廣告 → 完美成交($99) --同意--> ($199)
                 |                |
              不同意           同意／不同意
                 ↓                ↓
                   月會員($49/月)
                      ↑
                    同意
                      |
        年會員($397/月)
         |              \
       同意           不同意
         ↓                ↓
   預約電話會議         年會員($39/月)
     ($2,500)  <--同意／不同意--
```

最一開始,我們推薦給客戶是一套叫做完美成交(Perfect Closing Script,PCS)的數位訓練課程,能夠幫助你提升成交率。如果客戶同意,我們會再提供客戶一個一次性的加價購機

會，讓他們可以用199元的價格購買另一項補強輔助產品。如果客戶不同意購買完美成交訓練課程，那我們就會提供他每月49元的會員資格，可以使用各種訓練課程來加強銷售技巧。

我們的顧客中，那些購買99元產品的顧客，大約有15～20%左右的人會再接受199元的加價購。這表示這些顧客對我們而言，價值是298元，而不是原始的99元；如果是購買我們每月49元會員資格的顧客，我們也會提供一次付清397元即可享有未來一年的會員資格——有10%的顧客會馬上購買。如果不願意一次付清，也可以選擇分兩次付款。

最後，顧客可以決定是不是要預約電話會議，與我們的高單價銷售業務群在電話上直接溝通，我們的團隊成員則會利用這次電話會議，決定該顧客是不是適合我們的高階訓練課程，收費2500元（25～32%的客戶會在電話上選購高階課程）。當我們走完整個銷售流程，你會發現客戶都已經不是單純投資99元那麼少了，20%的客戶會選擇199元加購方案，另外15%會加入會員，剩下的顧客中又有20%會同意選購最後的高階課程。這表示，我們的顧客對我們來說，價值不只是99元那麼簡單，而是298元到2798元——同時還有會員所帶來的持續性收入。這一切都還只是最佳化的其中一個例子而已。

除了這些推銷過程，我們也會在各個社群媒體，包含Facebook、YouTube、Instagram等平台上，針對沒有購買我的課

程的人做再行銷——也就是想辦法把他們拉回來、盡一切可能拉到最後電話會議的階段。那我們要想，我們投入了這麼多的成本做這些社群媒體廣告以及行銷漏斗，為什麼最終目的是要把潛在客戶拉到一通行銷電話上？因為我們發現高單價銷售的提案，在電話上成功的機率高出其他媒介有五倍之多，下一章我們會有更多說明。

做最佳化的時候，要問自己這些問題：

- 當你的顧客已經購買了你的商品或服務，你還能提供什麼額外的東西來做補強輔助？
- 你的顧客接下來可能會面臨什麼樣的問題？你能怎麼幫助他們？
- 你要怎麼拉高你提供的價值，好拉高收費？
- 你能夠把一次性的購買，轉化成持續性（會員的概念）消費嗎？

解鎖企業成長的關鍵

當你強化了吸引力、留存率與最佳化這三本柱，你就可以成功突破企業成長的關卡，以及以下的企業特點：

- 可預期地持續獲得新客戶,並維持公司的獲利
- 把客戶變成長久會員,把長久會員變成狂粉
- 最大化每一個客戶對你的價值

接下來,我們就要考慮當你擴展企業時,另一個更重要的因子:你的利潤率。

第九章

解鎖你的利潤率

適用於：荒島倖存者、不滿足的君主

任何事情都一定要追求數大便是美嗎？我在跟很多創業者聊天的過程中發現，他們追求的幾乎都是「更多、更大、更高」——銷售實績再多一點、客戶再多一點、員工再多一點、成長率再高一點、基礎建設再多一點、規模再大一點、這個要再多、那個要再多。但這樣一定是好的嗎？

當我看到企業經營者不經思考就矇著頭追求更多更大更高，我都會想到一個叫做《利潤》（The Profit）的美國真人實境節目——每集節目，馬可斯・萊蒙尼斯（Marcus Lemonis）會提供資本和他的專業知識，幫助掙扎中的小型企業。

我想到的這一集,馬庫斯要幫助的是一間已經開業七十五年家族企業(肉品包裝公司)。這間公司一年的營收是5000萬元!這樣很多嗎?當然很多。如果你只看這個數字,你可能會很納悶為什麼這間公司需要上節目被幫助,但等到你看過他們其他的財務數字就會明白了。

儘管年營收有5000萬,但淨利潤是負40萬,也就是每年都虧40萬。而且,他們還負債400萬。我們因此知道不能只看營收跟成長,這樣很容易被蒙蔽雙眼。

經營企業最重要的就是淨利,公司會倒閉關門,通常是因為沒有現金——沒有正的淨利,帳上就不可能留有現金。

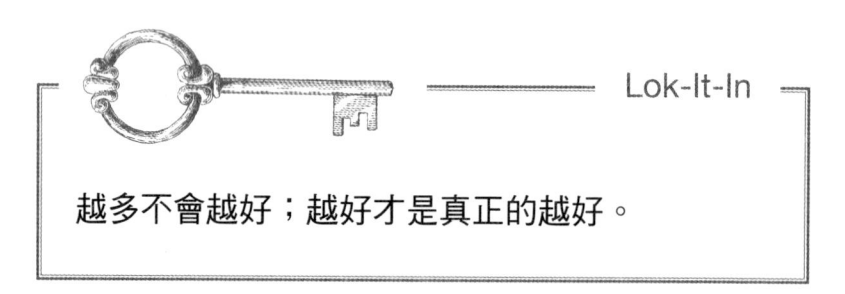

Lok-It-In

越多不會越好;越好才是真正的越好。

另外,當你的公司獲利率不高的時候,你也可能會出現下列這些症狀:

- 無法提供良好的顧客體驗

- 為了盡可能降低成本，所以必須在某些部分東摳西節。（這也是無法提供良好顧客體驗的原因）
- 成長率受到限制，因為沒有多餘的錢來支應獲得新客戶所需的成本
- 被迫打價格戰
- 面對獲利率更高的對手時，明顯處於劣勢
- 容錯空間極小──沒有獲利，也就是對於錯誤決策沒有緩衝空間
- 給不出好的薪資條件，無法吸引真正好的人才
- 顧客不把你，以及你的產品或服務當一回事
- 要達到營收及獲利目標，需要非常大量的客戶數
- 即使新增了客戶，對最終獲利數字也沒有多大挹注

當你的公司開始出現低獲利的狀況，你就是讓自己處於劣勢極大的地位，你沒有錢買你需要的補給、沒有錢聘請有才幹的員工，甚至連你自己都快養不活，公司會變得無法擴張，也幾乎難以經營下去。

有些企業主太過天真，被自己的幻想說服，以為只要毛利夠高，淨利一定也不會差到哪去。我也曾經是這種企業主，我經歷過一段艱辛的時間，犯過很多錯，所以我不希望你跟我走上同樣的路，我辛苦走來，學到了再多個零加起來還是零，我用一身的

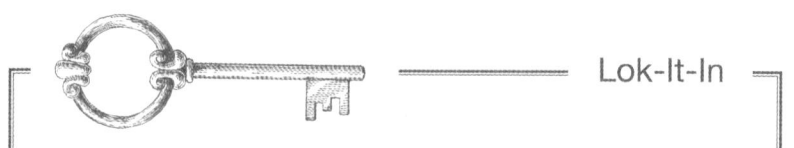

傷換來一個明白：商業是場以利潤取勝的比賽，而非營收。

Lok-It-In

商業是場以利潤取勝的比賽，而非營收。

三個原因告訴你為什麼高單價銷售不是開玩笑的

在做高單價銷售提案時，你能夠創造的利潤空間比較大，這不只是替你創造一個喘息空間，同時也是給你一個成長的機會。你能不能夠快速擴張規模同時獲利、跟顧客的關係可以走到什麼樣的深度、企業要走什麼樣類型的經營模式，甚至是你想要什麼樣的生活方式——這一切都跟你決定要去從事高單價銷售這件事，有著直接的關聯性。

理由 #1 比你的競爭對手更敢砸成本來擴張規模

想像一下，你在經營一間公司，買的產品價格落在 30 元，成本是 5 元——所以你有 25 元利潤。

售價30元－成本5元＝利潤25元

　　於是現在你有25元的行銷預算可以去探尋新的客戶，這表示你最多只可以花到25元去獲得一個新客戶，但也有可能找不到新客戶，這些錢就此打了水漂。

　　這樣一來，不管你想在哪個平台打廣告——電視、廣播、各種告示看板、YouTube、Facebook、Instagram、或者谷歌，你能夠花的錢就只有這25元。就算是依靠公司內部創新以及生產能力提升而來的有機營收（Organic Sales），一樣最多只有25元的利潤。

　　這麼少的利潤，根本不可能有機會拓展你的規模，也沒有空間可以容錯，要是今天廣告成本上升，你沒有時間也沒有資源可以調整——你會直接陷入坐以待斃的狀態。如果還想再聘請新的員工、提升你的硬體基礎，你也是一籌莫展——因為錢已經在行銷端被你燒光了。

　　我們再來看看另一間公司，其商品價格落在5000元，我們假定他的成本是500元，於是得到利潤4500元：

售價5000元－成本500元＝利潤4500元

　　這兩間公司要競爭的話，你覺得哪間贏面大？當然是利潤高

的那個。還記得我前面講的吧,能夠比競爭對手投資更多成本來獲得客戶的公司,一定會勝出。這兩個例子相比之下,4500元擁有比25元更多的空間跟資源去建置廣告,能夠選擇的平台也更多,也能夠嘗試更多不同的方式來爭取客戶青睞。

但講了這麼多,難道意思就是,你應該完全捨棄低價銷售嗎?當然不是,但這僅僅是為了吸引客戶進門,這樣你才有機會進一步推銷你的高單價銷售方案。不過,你還是要記住,這是策略,而不是商業模式。

理由 #2 公司越簡單、生活越開心

不管人家怎麼說,我就告訴你:大小真的很重要。我說的是交易規模,賺錢的方式太多種了,但賺多少錢,跟怎麼賺到這些錢其實同等重要。

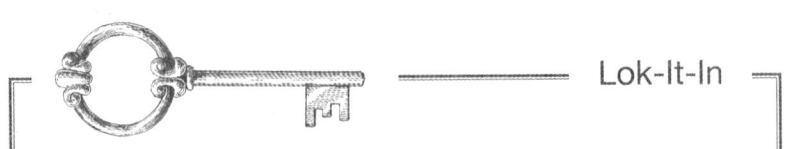

Lok-It-In

賺多少錢是其次,重點是怎麼賺到這些錢。

條條路賺100萬

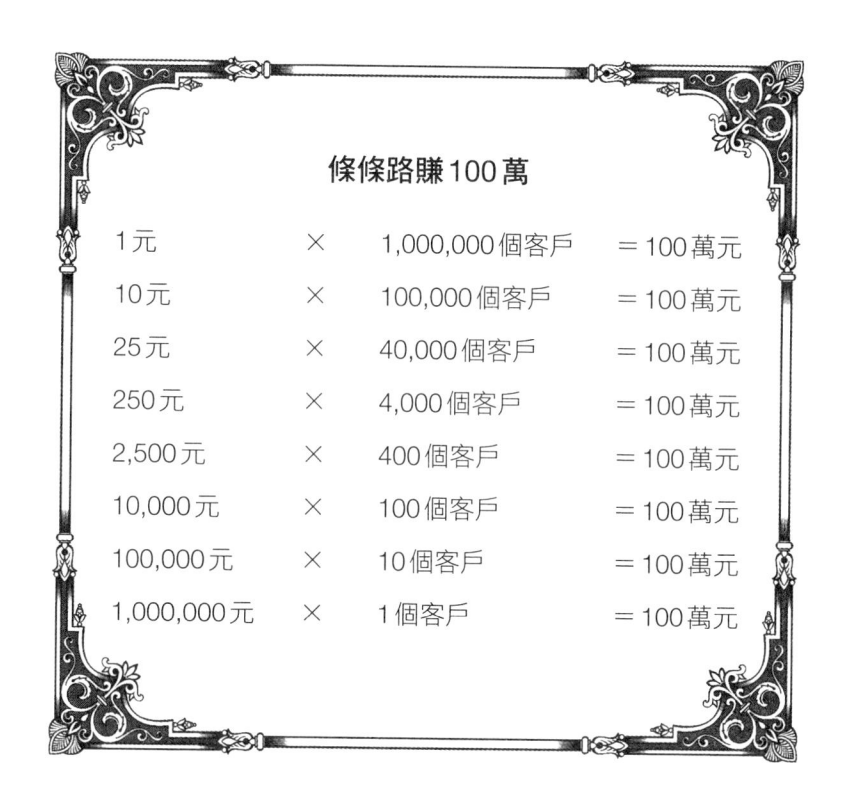

1元	×	1,000,000 個客戶	= 100 萬元
10元	×	100,000 個客戶	= 100 萬元
25元	×	40,000 個客戶	= 100 萬元
250元	×	4,000 個客戶	= 100 萬元
2,500元	×	400 個客戶	= 100 萬元
10,000元	×	100 個客戶	= 100 萬元
100,000元	×	10 個客戶	= 100 萬元
1,000,000元	×	1 個客戶	= 100 萬元

要賺100萬，有很多種方式可以選擇，處理10萬個客戶跟處理1個客戶有差嗎？當然有。

你的顧客服務、團隊、還有基礎建設都必須到位，才有辦法妥當面對這10萬個客戶，建置不周的話公司會先自爆。再者，要從10萬個客戶增長到100萬個，你必然需要砸重本全部重新建置，因為原本設計給10萬個客戶的系統，沒有辦法乘載100萬個客戶——簡而言之，昨天幫助我們成功的能力，無法保證明天能

繼續成功。

但我要說，建構一間客戶數量高、銷售單價低的公司，本身並沒有錯。但我本身偏好讓事情簡單化，也喜歡讓獲利率維持在高位。如果你想要有效率的大幅成長，又只想經歷最小的「成長陣痛」，事情簡單化是你的最佳選擇。維持相對較少的客戶數、提供簡單銷售方案，往往可以獲得持續性的擴展機會。

理由 #3 只跟適合的好客戶合作

我說過，不是每個顧客都一樣。有四種不同類型的客戶，有的你會想要跟他談，有的你避之唯恐不及。

一毛不拔	老練世故
難以應付	富足無缺

一毛不拔型

這類型的客戶要求很多、非常挑剔，而且完全只考慮價格——也就是說，他們完全不懂價值的意義。在他們了解你的方案內容之前，一定會問你：「你收費多少？」接下來就是開口要折扣要優惠。

難以應付型

他們不一定吝嗇，但就是很難侍奉。基本上都是用負面角度在看事情，對於你的產品或服務，有著不切實際的高標準。如果你經營的是顧客導向的公司，那你會被這種客戶煩死，隨時等著接電話應付他幾十個、幾百個無厘頭的問題。

老練世故型

他們大多受過良好教育，也很清楚知道自己要什麼，已經做過很多功課也請教過許多人。如果今天他們是要買車，走進一間展示中心，他們可以很清楚的說出他們想要什麼車款、什麼顏色、什麼樣的內裝跟規格，以及他們想要用什麼方式付車款。這類客戶在決定之前，通常會需要比一般客戶更長的考慮時間，但一旦他們做好決定，就不會改變心意。

富足無缺型

這種客戶是看心情在買東西的，如果價格可以接受、他們也想要這個東西，他們就會買。這類客戶不會要求折扣、優惠，他們覺得這樣做會貶低這筆消費的價值；如果賣方主動提出折扣，他們反而會直覺地認為產品一定有問題，才會給折扣。

這四種類型的客戶，你會希望你的公司接到哪一種呢？十之八九，你一定是想要接待老練世故型跟富足無缺型，至於一毛不拔型跟難以應付型的客戶，則是能避則避。

為什麼？因為當整個社會遇到經濟景氣低潮的時候，最先受到影響的就是一毛不拔型跟難以應付型，導致這兩種客戶的可支配所得會明顯短缺──這樣一來，當他們可以選擇去跟你買產品，或是跟別的公司租賃時，有很大的機會他們會選擇用租的。

這其實是非常直覺的思考，但偏偏還是有很多公司在不知不覺中，把經營模式架構成一個吸引這些偏愛優惠跟折扣的客戶，廣告總是要強調有多便宜，然後對客戶做的事情多還要再更多，以此寄望這些難搞吝嗇的客戶會再回來消費更多（事實上根本不可能）。

我則是完全相反。我的經營模式專注於老練世故型以及富足無缺型的客戶──你的訂價會決定你吸引到的客戶類型，低價商品會吸引到的就是價格敏感度高、預算較緊的客戶；高價商品則是會吸引到在乎品質的客戶。

訂價較高的話,其實對你的顧客來說,也會形成較好的顧客體驗。他們會更珍惜他們買到的產品、比較不會抱怨,且感覺自己獲得更高價值的產品——這些都會強化你跟顧客的關係。那麼既然高訂價的優點這麼多,為什麼還是有這麼多公司將其產品設定為低定價?原因相當多,但主要還是三個負面迷思在作祟。

讓你無法調高訂價的三個迷思

迷思#1 價格調高我的客戶就全跑光了

這個迷思來自於誤解了客戶真正在乎的事情。我們要先知道兩件事,一個是價格(你買一個東西要付出的金額),還有價值(你付出這個金額、買到東西之後所能得到的),當你提高了定價,吸引到的客戶是能夠看到你的價值的人,不過當然,你也會排除掉那些只看價格數字的人。

而當你用低價銷售時,會靠過來的當然就是永遠只想撿便宜的人——每次都殺價殺到臉紅脖子粗的那種。相較於此,價格訂高之後願意花高價跟你買產品的客戶,往往具有更高的忠誠度,跟你的關係也會比較長期穩定,兩者截然不同。

沒錯,你一定會流失那些價格敏感度很高的客戶,但是你會

想要讓公司的營運，建立在那些永遠只想少付點錢的客戶上嗎？這樣會走到一個狀況：成也低價、敗也低價。

迷思 #2 競爭性訂價

有一次有個節目邀請我當訪談來賓，同場還有一位經濟學教授。主持人問到：「所以我們應該怎麼訂出正確的價格呢？」經濟學教授就說：「首先你要做市場調查，要去觀察競爭者的訂價水準，這樣你就會對你的產品有個基本的價格概念。」

我不同意，於是我提出我的看法：「我的競爭者怎麼訂價跟我有什麼關係呢？如果我提供給客戶的價值跟我的競爭者不一樣，難道我不應該訂出跟他們不一樣的價格嗎？我實在想不出任何理由要去模仿他們的訂價，要是我的競爭者很糟糕，行銷、包裝、推出的銷售方案都做得很爛，難道我也要跟著模仿嗎？」

我對外的競爭狀況，不應該跟我的訂價或是營運有任何直接關係。如果你跟你的對手玩價格競爭，就是在互相廝殺，最後沒有一個人會是贏家。價格戰玩久了，就算你真的賺到更多客戶，也會同時賺到一個「最便宜的那個」的名聲，這等於是在告訴全世界，你的價值就只有這樣。所以如果你能創造出對於市場來說是特別的價值，你也應該訂出特別的價格。

你要跟別人不一樣，不要讓客戶把你跟競爭對手放在一起，一家一家比較、一家一家選，當你被這樣商品化的時候，就是被

客戶當作跟其他公司一樣,只是選擇之一,隨時可以替換。

迷思#3 高價銷售比較難

如果我告訴你,賣10000元的商品跟賣1000元的商品,你需要投入的付出跟努力是一樣的;如果我告訴你,賣10000元的商品有時候比賣1000元的商品還要簡單,你一定會覺得這邏輯完全不符合傳統思維,但這是千真萬確的。如果你要做高價銷售,想必你的目標會是老練世故跟富足無缺的客戶,他們對消費有著不同的思考脈絡,他們考量的點不是價格——而是價值。老練世故型:「買這個東西有解決到我的問題嗎?」;富足無缺型:「買這東西有讓我覺得心情愉悅嗎?」他們不需要折扣,需要的是付了錢之後能得到最好的東西。所以我說賣高價商品比較簡單,因為這些顧客識貨,他們理解高價商品或服務背後的價值。

我在跟很多人說要提高訂價的時候,他們往往會拒絕這個想法(包含我自己在做文案編寫的時候,也經歷過不敢提高價格的那段時期),但你認真思考一下,這個拒絕的情緒都不是來自於顧客,而是賣方本身。我們時常會把自己的價值觀投射到別人身上,「如果我自己都不願意花這個價錢買這個東西,那其他人也不可能會願意。」這真的是錯到不能再錯了。

如果你瞄準的是一個正確的市場,那麼價格彈性就會相當大。當你能夠提供非常好的購買體驗時,顧客會在毫無抗拒的情

況下自然往高價格靠攏，幾乎人人都是這樣，會很自然地願意付高價格來獲得高級體驗（當然，還是會有少部分人什麼都不管只看價格）。當你理解老練世故的顧客，要的是能解決問題，而富足無缺的顧客，要的是內心深處那份滿足的感受，那你就可以理解為什麼我說高價銷售比較簡單了。

如何用高價賣出你的銷售方案

當你改變了你的銷售方案，你也改變了你的人生。

步驟十分基本，你甚至不太需要改變你現在正在做的事，你需要做的是改變你的目標客戶、改變自己的銷售定位、改變包裝，然後專注在幫你的顧客解決**一個**最急迫重要的問題。

在你的競爭市場之中，你想當賓士、豐田、還是勞斯萊斯？其實你是有選擇的。但這沒有正確答案，你只是需要認知了解自己的商業模式。當我跟學生說你要升級你的售價，「怎麼做」都不是問題，難就難在「害怕」兩個字把他們擋住了。

「沒人會用這個價格跟我買」──害怕被拒絕。

「如果不行怎麼辦」──害怕失敗。

「我怕吸引了一堆我應付不了的客戶」──害怕做得不夠。

害怕把客戶嚇跑、害怕流失太多客戶、害怕做不來，這些恐

懼是從何而來呢？就是因為「不足」。提高價格，確實可能會流失個10～20%的客戶，對於很多公司來說已經是個災難，他們根本無力應付這樣的損失。

想像一下，你有很多顧客排隊要跟你做生意，客戶多到你得列一個等候清單──這樣的話，你還會怕嗎？一定不會，因為對你的產品或服務有需求的人已經太多，完全不用擔心會流失客戶。所以關鍵在於填補這個「不足」、在於讓供需狀況都朝著對你有利的方向發展。問題在於，要怎麼做呢？這要透過我所謂的社會資本（Social Capital）──也就是去創造一群喜歡你、信任你也願意跟你做生意的人。

第十章

解鎖你的社會資本

適用於：荒島倖存者、不滿足的君主

　　世界越來越吵雜、市場不確定性越來越高，要吸引客戶的注意也越來越不簡單，你無法高枕無憂，也沒人可以。慢慢的，賣方市場轉變為買方市場，消費者擁有的控制權越來越大——他們能夠無視電視、廣播、告示板，以及任何可能的廣告方式。

　　時代早就不一樣了，你能想像那個只有少數幾間大型電視公司的時代嗎？你可能坐在電視前面看著你最喜歡的節目，然後廣告來了，你也沒辦法，只好繼續把它看完。現在，光是要讓消費者注意到你，都不是那麼容易的事，並不是說消費者不相信你——而是他們根本不知道你的存在。

> Lok-It-In
>
> 這個世界已經不是大魚吃小魚,而是動作快的魚吃掉動作慢的。

　　如今,消費者會自己做足所有決定,像是要買什麼、什麼時候買、在哪裡買、怎麼買。他們的資訊來源跟以往大不相同而且變化多端,可能是在電視上看YouTube節目,可能是在iPad上看電視節目,或者是用手機玩手遊。如果你無法適應市場變化就會落後,而且是嚴重落後。

　　爬得越高可能會摔得更快更重。維多利亞的秘密(Victoria's Secret)在站上市場頂端之後,銷售量開始暴跌;西爾斯(Sears)已經關掉全美數百間分店;諾基亞(Nokia)、索尼(Sony)、百視達(Blockbuster)、雅虎(Yahoo)以及傑西潘尼(JCPenney)──這些公司都以為自己可以一直穩坐龍頭,結果沒辦法跟上時代變化的腳步。你能不能在競爭中生存,靠的是你學習的速度、調整應變的速度,這個世界已經不是大魚吃小魚,而是動作快的魚吃掉動作慢的。

財務資本並不是最有價值的一種

財務資本已經不是最有價值的資本了,你看看創投公司(venture capital firms)——創投公司越來越不容易找到值得投資的新創公司。現在有越來越多新創公司開始走不依靠外部資金的路線而且資源豐富,於是延遲或拒絕創投公司的資金投入,來維持對於自己公司的股權以及控制力。

如果你只有財務資本,那你有的只是一堆死錢罷了。你沒辦法透過那堆錢創造新的價值,它只是躺在那邊而已。當然你有財務資本的話,可能會想說:「我可以怎麼樣來好好運用它?」可能是投資在人身上、引進人才,也可能是提升你的基礎建設,或是擴大行銷等各種行為,不過就財務資本本身而言,它並不是最有價值的一種資本。那什麼才是最有價值的資本?我會說是「社會資本」。

社會資本崛起

有句話是這樣說的:「注意力是新型態的貨幣」(Attention is the new currency),但這句話只有部分正確,或者說不夠精準,應該說,從正確的人身上獲得正確的吸引力,才是新型態的貨幣。

吸引顧客的注意力是沒錯,但你不能矇著頭瞎搞,隨便一個阿貓阿狗都可以跑到馬路上大吼大叫,這也是在獲取吸引力,但我們要的不是這樣。同理,任何一間公司都能夠利用顯眼的廣告創造品牌知名度,但是這樣有辦法建立起你與客戶之間的長期關係嗎?

你也會看到一些 Instagram 上面的名人,可能有幾百萬的追蹤人數,但是連幾十件 T-shirt 都賣不出去,這麼龐大的社群吸引力,但還是可能要吃土。我對這個沒興趣,我創造社群吸引力的唯一原因,是因為我可以藉此再創造我的社會資本。

我在上一章的最後已經告訴你社會資本的定義,是一群喜歡你、信任你,願意也有能力跟你做生意的人。

社會資本也是策略性擴張的關鍵——也就是具備可以在不大幅增加成本的情況下,提升營收跟淨利的能力。跟單純的社群追蹤、社群吸引力不一樣,社會資本可以透過銷售以及顧客的形式做為財務資本的一環;也可以透過關係連結、合夥以及策略聯盟的型式,轉化為所謂的關係資本。

你想想看,為什麼凱莉・珍娜在二十幾歲就成為億萬富翁?是因為她引進大量創投公司資金跟外部資金到她的美妝品牌嗎?不是。她可以用這麼驚人的速度累積資產,是因為她花費數年經營累積了大量的社會資本,當她把這些社會資本轉化成為她的財務資本後,便攀登到了許多公司從未達到過的境界。

她或許是第一個這樣做的人，但絕對不會是最後一個。我們正處在一個社會資本從未如此重要過的年代，這也是為什麼新創公司慢慢開始拒絕創投公司注資——他們正在學習怎麼把自己的事業奠基於自己的社會資本上。

我們來看看美元刮鬍刀俱樂部（Dollar Shave Club）這個例子，一個小小的新創公司、沒有外部資金，其放上YouTube的廣告，目前已經累積超過兩千五百萬觀看人次，二〇一六年，聯合利華（Unilever）以10億美金的價格買下這間公司——在業界根本是前所未聞。為什麼聯合利華會開出這麼大張的支票？聯合利華的回應顯示出，他們看重的是社會資本：「重點不在於收入，而是他們建立的那些連結與關係」。

把社會資本轉變成一座永不枯涸的良井

如果做得正確，社會資本可以轉化成一座永不枯涸的良井，讓你能夠取之不竭用之不盡，但很多人不明白的是，這跟銀行的道理有點像，你不能提取你還沒有存進去的金額。

一般公司碰到社群媒體時，最常犯的錯誤就是，儘管完全沒有傳達自身的價值，每次互動卻都試圖要推銷。於是當客戶看到這些公司，只會想：「這次又想要推銷什麼東西了？」

不知為何，大家好像都覺得這樣沒問題。想像一個畫面。你走進一間銀行說你要提款，但你根本沒有任何存款餘額，這不叫

提款,這叫搶劫。

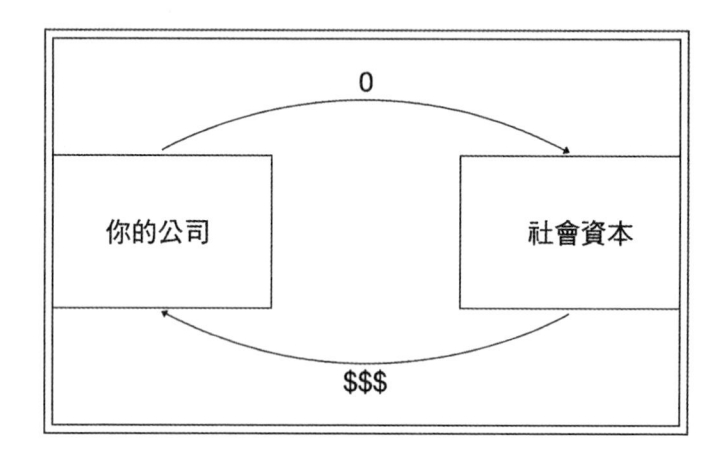

```
     ← 0
你的公司        社會資本
     → $$$
```

　　總是有一些公司,能夠在儲備社會資本(也就是品牌行銷)及取用社會資本(銷售)之間找到漂亮的平衡。這樣確實有其效用,但還不是最佳解。一般企業營運,我們都會對最糟的狀況預先做出避險舉措,所以公司會保留一定的現金餘額,作為支應支出與費用的緊急預備金,社會資本之中也有這樣的概念。

　　有存入就可以提用,但如果你存進100元,就提出100元,這個帳戶的餘額永遠都是零,如果遇到不好的時機,那你就有可能碰上沒辦法提用社會資本的狀況——因為你沒有任何的儲備。

```
           $
  ┌─────┐ ───→ ┌─────┐
  │你的 │      │社會 │
  │公司 │      │資本 │
  └─────┘ ←─── └─────┘
          $$$
```

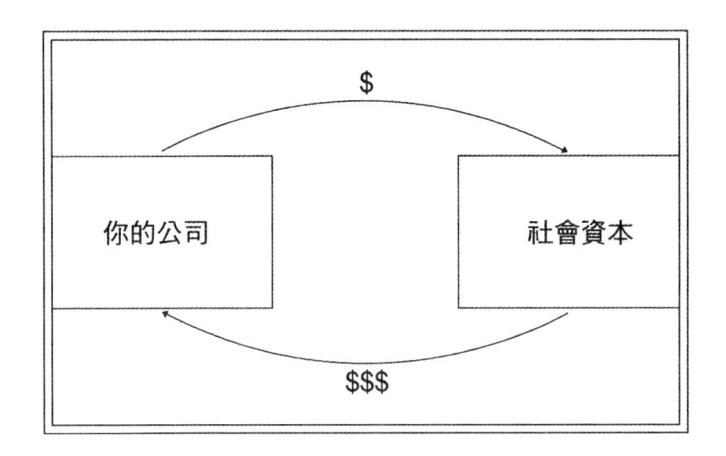

　　這也是為什麼我一向是提用少於存入，我每天都會想辦法累積我的社會資本，當有一天我需要提用並轉化成財務資本的時候，就不會遇上困難。

　　自從我開始投資我的社會資本後，我在企業經營上就變得簡單許多，我的高單價銷售幾乎不會遭遇抗拒──事實上，還不是每個人來我都一定賣。接著，我也有管道去接觸一些名人、高階執行長以及企業主，讓我有機會去發展獲利可期的合作關係──這一切都是由於社會資本的的裨益。

　　雖然並不需要，但我如果想要籌錢的話，也是易如反掌。我就假設我要在Kickstarter募資平台開辦一個募資活動，我可以在一夜之間就達標，我可以馬上把我的社會資本轉換成財務資本，而且不需要太多等待時間，為什麼？因為我已經在這麼多年的經

營之中,累積了可觀的社會資本。

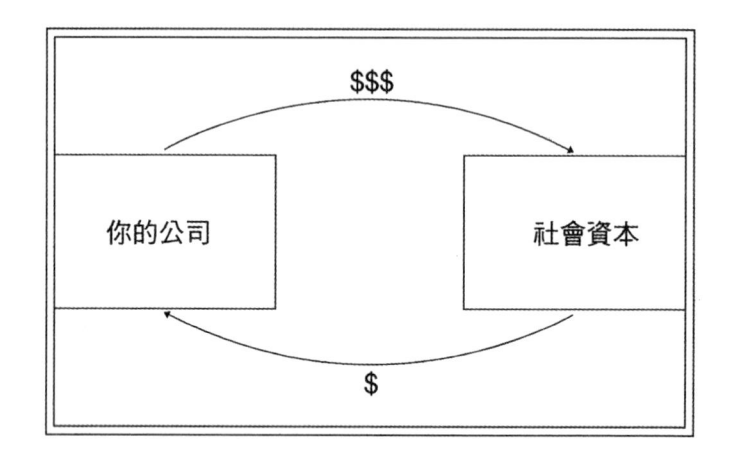

```
        $$$  →
┌─────────┐    ┌─────────┐
│ 你的公司 │    │ 社會資本 │
└─────────┘    └─────────┘
        ←  $
```

當你能夠這樣思考的時候,任何一個募資平台對你來說,就會像是銀行一樣,Facebook 是,Instagram 也是,YouTube、谷歌、傳統媒體統統都是。

社會資本也不再是大型電視網所獨有,根據統計資料庫 Statista 的資料,截至我寫這本書的時候,我的 YouTube 頻道觀看人數,已經超越微軟全國有線廣播電視公司(MSNBC)、EPSN 體育頻道、USA 電視網(USA Network)、日本 TBS 電視台、特納電視網(TNT)、探索頻道(Discovery)、美國 CNN 頻道、美食頻道(Food Network)、尼克兒童頻道(Nickelodeon),族繁不及備載。觀看人數超越我的只有福斯新聞頻道(Fox News

駱鋒的YouTube統計數字

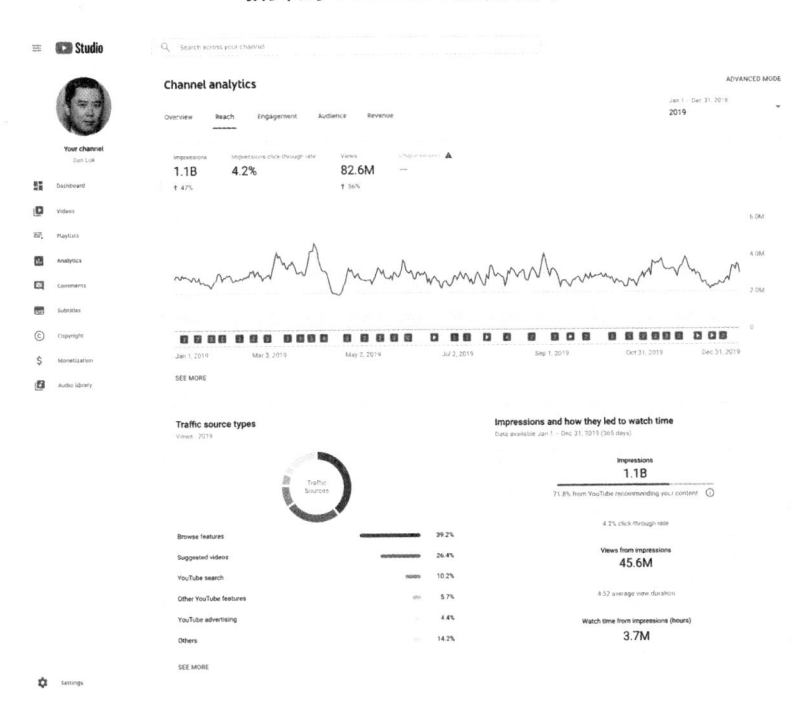

駱鋒的Instagram統計數字

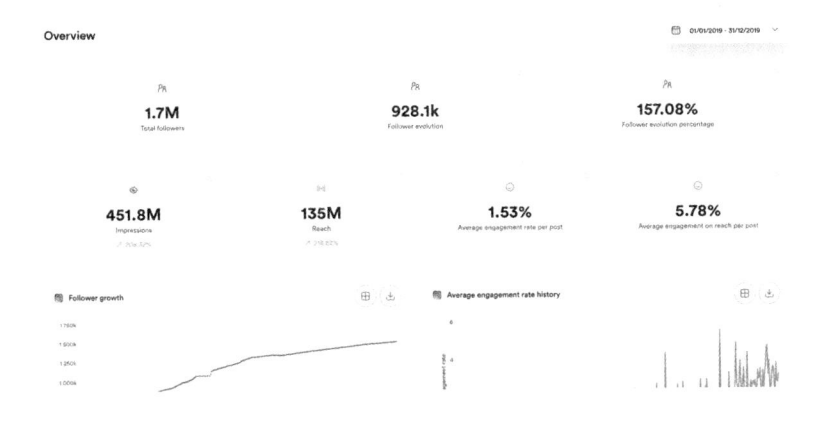

駱鋒的臉書統計數字

Overview				01/01/2019 - 31/12/2019
1.7M Total fans (page likes)	178.1k Fan growth	246.3k Gained fans (page likes)	68.1k Lost fans (page likes) 27.15%	
416.6M Impressions 18.36%		305.7M Reach 15.42%	9.4M Page engagement	

Channel)、福斯電視台、美國ABC電視網、美國CBS電視網、美國NBC聯播網。這也證明了你不需要成立一間電視台才能累積你的社會資本──你自己就可以打造屬於你的網路。

沒有社會資本，情況就危險了。如果你營運的是一間新的公司，在你擊敗市場上眾多雜音之前，你等於是不存在；如果你的公司已經營運多時，但你沒辦法讓顧客建立對你的信任及關係，公司營運一定也會有諸多問題跟困難。

如何大幅擴張你的社會資本

舊的銷售方式已經消逝了，以前你可以簡單放一些廣告、吸引一些你完全陌生的潛在客戶，引導他們到另一個網頁，然後開

始祈禱冀望他們會跟你買產品或服務。這種沒有促發效應、沒有內容、不用建立關係連結、不用傳達價值、不用建立信任的日子早就過去了，現在的消費者極其謹慎，會非常小心選擇他們要相信誰，要對誰投入忠誠度。

這就是為什麼我們需要新的策略來取得以及擴張社會資本。我跟我的團隊就是用這樣的策略，在我們的平台上獲得幾十萬的曝光率，不只讓我獲得廣大的社群追蹤量，也讓我們有辦法大舉擴張營收，同時持續快速地獲利。

社會資本乘數

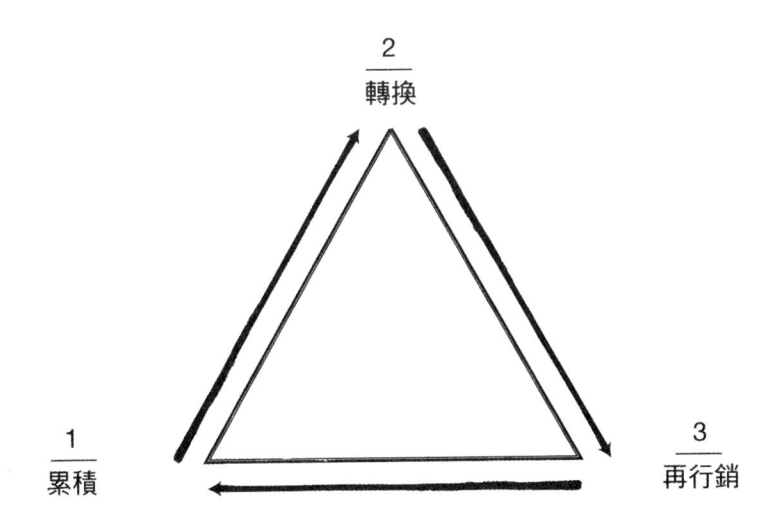

$\frac{2}{轉換}$

$\frac{1}{累積}$　　　　　　　　　　$\frac{3}{再行銷}$

社會資本乘數可以拆分成三個步驟，**累積**、**轉換**以及**再行銷**。在累積階段，我們給予完全沒有接觸過的陌生客群（Cold audience）資訊跟內容，讓他們轉變成為對我們的品牌、廣告、產品服務有接觸經驗的客群（Warm audience）；轉換階段，我們試圖讓客戶開始有一些投入；再行銷階段，則是捕捉在轉換階段時可能遺漏的銷售。

累積：透過價值創造收入

在這個階段，我們有幾個目標要達成：

- 將你的價值傳達給客戶，藉此創造信任、建立關係
- 點擊率目標、觀看率目標
- 預先讓你的顧客準備、理解在轉換階段會提供的銷售方案

我們做高單價銷售時，是依據一套消費理論，也就是客戶每花1000元跟你做生意，至少要先接收消化一個小時的資訊及內容。這也是為什麼累積階段非常重要。

在這個階段，你將價值傳達給客戶，幫助他們處理問題，這是與他們建立關係的第一步棋，不聊推銷、成交這些事──這時我們只講價值。如果你去看看我的社群平台，你會發現上千個教育影片跟內容，不管是不是被我們投放的廣告吸引而來的客戶，

都可以因此受惠。所以對你而言,最好的方式,就是你可以主動地將資訊傳遞到市場上每一個沒有接觸過的新區塊。當客戶們接收、消化了你的訊息,他們就準備好進入下一個階段——轉換階段,這時你就可以用最低的成本來創造你的潛在客戶群。過去我把一個完全沒有接觸過的客戶轉變成一個潛在客戶,大概需要花費5塊錢的成本,現在用這個策略,成本大約是0.15元。這讓我有著莫大的優勢——我讓50%的預算落在累積的階段,接下來我就可以用極低的成本來獲得潛在客戶群。

轉換:用極低的成本來獲得潛在客戶群

這個階段,我們的目標是:

- 把在上一階段累積的資訊閱聽人,都轉化成潛在客戶或者購買者,或者讓潛在客戶實現購買行為

如果我眼前的這個人根本不認識我,我也不會對他提出任何銷售方案。我所說服並且推銷的人,一定都是經過準備、經過資訊的傳達。你可以在Facebook上知道那些人看了多少比例的你的影片;YouTube上也是,你會知道誰看過你的影片。在任何一個平台你都有辦法可以知道誰看過了你的資訊,這樣你就會知道可以瞄準哪些人。

當你知道目標是誰，就可以把廣告擺在他們前面，然後可能會再延伸連結到其他地方，可能是個線上研討會（Webinar）、可能是個自我承擔（self-liquidating，即購買者可能也需要負擔部分成本）的銷售方案、可能是一套訓練課程、可能是一個活動專業、可能是個名單磁鐵（Lead magnet）──不管是哪個，重點都在於要讓潛在客戶也有所投入，形式可能是向你購買產品或服務，或者是提供你進一步資訊。這個部分你應該要投入約25%的預算。

再行銷：維持品牌知名度

這裡的目標：

- 維持你在潛在客戶心中的知名度
- 盡可能接觸那些沒有立即轉換的潛在客戶

多數客戶不會馬上就跟你購買商品或服務，他們需要時間思考、做些研究，或者是想要再多了解你的品牌。有時候你的核心行銷訊息根本沒辦法搔到他們心中的癢處。

所以首當要務就是維持品牌知名度。他們多看過你幾次，可能就會慢慢開始對你有些熟悉感及好感，你可能只要單純讓他們常常想到你，就可以自然增加銷售量。第二就是盡量去接觸沒有

立即轉換的潛在客戶，他們可能有些疑慮跟問題沒有被說明到，所以再行銷時就要針對這些點去加強。

當你提出一個高價方案，客戶的購買理由五花八門。他們加入我們課程的原因有很多，有的想要學習新的技能、強化關係，也可能是想加入一個正向、可以支持他們的社群團體，或者是自我挑戰、想要讓自己的公司再成長。如果我們只針對其中一個去發展，不可能做到現在這個規模。我們的再行銷策略，會輪轉不同的廣告，確保我們講到各個不同客戶的心坎裡，進而抓住最大的潛在銷售量。如果你決定要執行這個策略的話，得在這裡投入25%的預算。

接下來，我們決定怎麼做

這本書的篇幅不足以讓我詳細說明我們公司實際上是怎麼做的，如果你想要了解更多我怎麼建立並且擴展我的社會資本，最好的方式就是關注追蹤我──你可以上 DanLok.com/social

我同時也準備了額外的訓練課程，讓那些想要更深入了解社會資本，並擴展自身企業的人可以運用，請上 HighTicketInfluencer.com.

結論

恭喜你！首先我想要說的是，你讀完了這本書，很多人看到一半就中離，但你不一樣。我已經交給你好幾把鑰匙，讓你去解鎖你的成功、財富以及人生的重大意義。我已經分享給你我的思考方式、我人生一路走來學到的那些教訓，以及我的商業觀點。

你得到了鑰匙，也就有了解鎖的思維。未來不管你是遇到困境、遇到障礙、還是遇到問題，你會知道解答一定存在，你只是需要一把正確的鑰匙。

你人生的主鑰匙就是你——你就是那個解開你人生中想要的任何事物的關鍵。可能是更多的自由、更高程度的成功、更多金錢、更重大的人生意義、更好的人際關係、更好的健康狀態、更多的影響力，什麼都好，你要知道你就是控制的主宰。

現在，選擇在你手上，你可以忘掉我分享給你的所有東西，或者你也可以開始實行。或許你想要解開你的生產力關卡、你想要發展高收入技能，或是好好的建構你的企業結構，讓你可以更

快速的擴張。不管你的目標為何，我希望這本書只是我跟你之間連結的起頭，未來我們可以在社群媒體上面聯繫，或者你可以加入我的線上訓練課程，甚至來參加我們的活動，無論如何，我都希望你可以讓我知道我能怎麼幫你，我也期待未來我們的關係能夠繼續延續下去。

在那之前，請繼續深入學習、繼續快速的應用所學、繼續大量地做出實際行動。

亞當斯密 012

解鎖財務自由人生
華裔白手起家創業行銷大師 Dan Lok 駱鋒，教你主動掌控人生，
引導你創造並享受屬於你的財富與地位
Unlock It: The Master Key to Wealth, Success, and Significance

作　　者	駱鋒（Dan Lok）
譯　　者	林祐丞
責任編輯	簡欣彥
行銷企劃	許凱棣
封面設計	周家瑤
內頁構成	李秀菊
社　　長	郭重興
發行人兼出版總監	曾大福
出　　版	遠足文化事業股份有限公司　堡壘文化
地　　址	231新北市新店區民權路108-2號9樓
電　　話	02-22181417
傳　　真	02-22188057
Ｅｍａｉｌ	service@bookrep.com.tw
郵撥帳號	19504465
客服專線	0800-221-029
網　　址	http://www.bookrep.com.tw
法律顧問	華洋法律事務所　蘇文生律師
印　　製	呈靖彩印有限公司
初版6刷	2024年10月
定　　價	新臺幣380元

有著作權　翻印必究
特別聲明：有關本書中的言論內容，不代表本公司／出版集團之立場與意見，文責由作者自行承擔

Unlock It! © 2019 Dan Lok. Original English language edition published by ForbesBooks 18 Broad Street, Charleston, SC, 29401, United States. Arranged via Licensor's Agent: DropCap Rights Agency.
Complex Chinese edition © 2021 Infortress Publishing, a division of Walkers Cultural Enterprise Ltd., Taiwan.
Complex Chinese translation rights arranged through The PaiSha Agency.
All rights reserved.

國家圖書館出版品預行編目（CIP）資料

解鎖財務自由人生：華裔白手起家創業行銷大師Dan Lok駱鋒，教你主動掌控人生，引導你創造並享受屬於你的財富與地位／駱鋒（Dan Lok）著；林祐丞譯.
-- 初版. -- 新北市：遠足文化事業股份有限公司堡壘文化, 2021.10
　面；　公分
譯自：Unlock it : the master key to wealth, success, and significance
ISBN 978-986-06935-4-6（平裝）

1.個人理財　2.財富　3.成功法